方法对了，难管的孩子也好管

郁 涛◎著

台海出版社

前 言

我专注青少年教育将近十年，每年约有三千个孩子及父母走进我的课程进行学习。在接触了大量的家长、孩子后，我发现了一些鲜为人知的教育规律！最终我结合自身的教育心得，总结出了一套行之有效的教育理论体系。

2012年，我把这套理论体系中最核心的部分进行了优化，提炼出五天的孩子课程以及两天的父母课程。到目前为止，这些课程在全国已经开了一百多期，很多孩子和父母通过课程学习都得到了巨大收获，而"方法对了，难管的孩子也好管"就是父母课程中的核心部分！

我们要想把孩子培养好，首先一定要学会改变自己。父母是原件，孩子是复印件，育儿要先育己。改变自己确实很难，但是作为父母如果我们不先改变，孩子怎么可能会改变呢？我在全国各地讲授课程的过程中，发现很多父母给孩子报了很多课外班，但是自己却很少学习，这种教育思想是不对的。这个时代发展如此之快，如果父母不学习，慢慢就会和孩子产生代沟。所以很多时候不是父母不会教孩子，而是父母活在上一个时代，孩子活在当下这个时代，双方难以进行有效的教育沟通。

世界上有两件事不能等：一是教育孩子，二是努力奋进。在孩子关键的年龄阶段一定要采取正确、科学、有效的教育方法。我每次讲课也会和家长们说："你此生只有一次教育孩子的机会。"

我希望家长们在看本书的内容之前先思考一个问题：是孩子的成长重要还是孩子的成绩重要？很多家长肯定会说孩子的成长更重要，但在孩子成长过程中却依然把过多的精力放在孩子的成绩上面。因此家长自身的学习在孩子的成长过程中也很重要，而本书就是以家长自身的成长为主，培养孩子为辅来帮助父母教育孩子的。

通过本书，我希望所有的家长能给孩子一个快乐的童年，让孩子在爱的环境下茁壮成长！也希望所有的孩子能够轻松学习、快乐成长、实现自己的梦想！

目录
Contents

◀第一章 智慧父母的黄金法则

做好引路人，而不只是管教者…………………… 003

答应孩子的事必须遵守承诺…………………… 008

学会和孩子进行约定…………………… 013

学会跟孩子"商量"而不是"命令"…………… 018

面对孩子的天性，多一点宽容…………… 023

把大道理说明白，孩子才能听懂………… 028

父母有礼，孩子才有好家教…………… 032

勇于道歉，不要害怕道歉………………… 038

◀ 第二章　学会养育，就是经营孩子的未来

有梦想的孩子有无限空间 …………………… 047

语气多一点信任，孩子多一点担当 ………… 052

让孩子从小懂得感恩孝道 …………………… 058

学会培养孩子的逻辑思维 …………………… 064

尊重孩子的选择，才能培养领导力 ………… 069

最该呵护的，是孩子的好奇心 ……………… 073

聪明的孩子都有想象力 ……………………… 079

不要用大人的逻辑禁锢孩子 ………………… 084

鼓励孩子去尝试，才有更多可能性 ………… 090

◀ 第三章　如何与孩子进行有效沟通

别怕他们骄傲，夸赞你的孩子吧 …………… 097

在外人面前谴责孩子，是最大的错误 ……… 102

不用随意的态度批评孩子 …………………… 106

谁都不喜欢被唠叨，孩子也一样 …………… 111

跟孩子换位思考，是最大的善良 …………… 115

别急着站在孩子的对立面 …………………… 118

成功的父母，不做自以为对孩子好的事情 …… 122

孩子想要的交流，不需用严肃的态度 ……… 126

别捂住孩子的嘴巴！满足他们的倾诉欲 …… 130

◀ 第四章 教育孩子十个常见难题的解决方案

孩子叛逆不听话怎么办……………………………… 137

孩子沉迷手机游戏怎么办…………………………… 141

如何解决家庭作业的烦恼…………………………… 146

上兴趣班如果半途而废怎么办……………………… 150

当孩子一不满意，就哭闹、发脾气怎么办………… 155

到底应该如何和孩子谈钱…………………………… 159

如果孩子遇到校园欺凌怎么办……………………… 161

孩子不知道感恩怎么办……………………………… 166

孩子总爱找借口怎么办……………………………… 170

有二孩之后该如何管理……………………………… 173

◀ 第五章 没有坏脾气的孩子，只有不懂孩子的父母

"闹情绪"的孩子，只是不懂表达………………… 179

带动你的孩子，把情绪"说"出来………………… 182

缺乏交流的你，懂自己的孩子吗………………… 185

别轻易给孩子"贴标签"…………………………… 188

孩子情绪失控，更需要你的陪伴………………… 192

开放式谈话，让孩子畅所欲言…………………… 196

别让孩子钻进负面的情绪陷阱…………………… 200

父母有好情绪，才能跟孩子好好说话…………… 204

◀第六章　别要求孩子活成你想要的样子

可以有要求，但不能要求太多……………………… 213

你的要求总在变，到底什么是你想要的…………… 217

以最优秀的标准要求孩子，是一种绑架………… 222

适度的爱，是不松不紧的………………………… 226

好好提要求，真的很难吗………………………… 230

给孩子一点空间，让他自由成长………………… 234

鼓励孩子，走与你不同的路……………………… 237

尊重孩子的拒绝………………………………… 240

第一章
智慧父母的黄金法则

学会与孩子沟通，做到言传身教，给予孩子宽容与鼓励，做孩子成长道路上的优秀引路人。

做好引路人，而不只是管教者

朋友圈突然开始流行起一句话："幸运的人一生都被童年治愈，不幸的人一生都在治愈童年。"就好像热播剧《都挺好》里的苏明玉，就算她成年后身居要职，买得起别墅区的楼房，可午夜梦回，她的内心有伤，这成了她个人致命的短板。这份伤痛来自父母没有在她幼时给她重要的指引，也来自父母没有给她适度的关爱。也就是说，父母在孩子的生命中，不仅仅要做让他衣食无忧快乐成长的责任人，也要做一盏高高塔楼上的明灯，引导孩子在人生的长河中顺畅前行。

家长往往会混淆两个定义，那就是指引与管教。指引的官方解释是，指点引导，而管教则指的是在严格限制下所实施的一种赏罚严明的教育。管教的另一种含义指管制人员，一般指监狱中监管犯罪人员的人。两种方式，看字面意思就会一清二楚。

成年人的世界里盛行换位思考，如果把这两种定义用在自己身上，设身处地地想一下，我们会比较容易接受哪种方式？

都说孩子是一张白纸，父母是执笔在白纸上描绘蓝图的人，于是，有些家长误认为孩子是另一个自己，随心所欲地按照自己的模式去规划孩子的人生。带有这种心态的家长往往就会成为管教式家长，孩子稍稍背离了自己的预想，就会对孩子横加阻挠。我们不能否认的是，每个父母的出发点都是好的，然而，如果把自己作为管教者当作爱孩子的一种方式，那么，这种方式肯定是错误的。与其在严格管教中把孩子教育成一个唯唯诺诺，不敢有一丝行差踏错的傀儡，不如放开手，让他如雄鹰般翱翔，我们为人父母者，去做孩子身边那个智慧的引路人。

如何让自己在引路人和管教者之间找到明显的区分？其实非常简单，只要做到以下三点，我们就可以成为孩子的良师益友，而不是把他吓得噤若寒蝉的管教者。

一、观察孩子，学会为孩子的心灵把脉

"一门三院士"的梁家，作为父亲的梁启超就特别善于观察孩子，会为孩子的心灵把脉。这"三院士"指的是梁思成、梁思永和梁思礼，他们分别在建筑、考古和火箭控制系统方面有着大成就。除此之外，他的四儿子是著名的经济学家，二女儿梁思庄是图书馆学家，三女儿梁思懿则是著名的社会活动家。梁启超在孩子年幼时，从不会按照自己的标准去约束孩子，而是观察孩子各自的优点长处，鼓励他们按照自己的爱好去寻求发展。

因为梁家孩子多，梁启超担心孩子们会对父母关爱多少有困惑，于是，无论是给哪个孩子写信，他都会在开篇就讲：孩子，我对你的爱是十二分的热烈，无论你有多忙，都记得给我回复只言片语。而且，无论是对哪个孩子，梁启超都能做到一视同仁，因势利导。

梁思永当年没有考上大学，因为他是梁启超的儿子，所以承受了很大的压力，结果梁启超对他讲："上不了大学又怎么了呢？我们看中的是学问又不是文凭。做你喜欢的事吧，没关系的。"梁思永正是因为有一个会为自己心灵把脉的父亲，所以才会在日后成了考古学家。

授人以鱼不如授人以渔，这句话在教育孩子上同样适用。每个为人父母者都想孩子少走弯路，避免遭遇自己所经历过的苦楚。这种想法是无可厚非的，但是，我们需要知道的是，宝剑锋从磨砺出，梅花香自苦寒来。所以，作为家长，我们要想成为孩子的指导者，就要学会第二点。

二、关爱孩子，为成长搭桥而不是为成功铺路

曹操不但是伟大的政治家、军事家、文学家，他还是一位成功的教育家，从他的几个儿子的成就上就能看出，曹操虽为一代枭雄，但是，他在关爱孩子，为孩子的成长搭桥方面，做得非常成功。

曹操、曹丕与曹植在历史上并列为"三曹"。曹操虽然刚愎自用，但是对待孩子，他从来没有命令过他们按照自己的想法行事，而是关爱他们，循循善诱，因势利导。

曹丕喜欢政治，经常和门徒进行政治方面的探讨，小小年纪，就有难得的想法。曹操看在眼里，于是，送了一套谋略类的书籍给曹丕，让他系统地去掌握政治的原理，这对曹丕以后的发展起到了搭桥的作用。

三、锻炼孩子，无论结果如何都不要去苛责他

桑妮在小的时候，是个非常胆小的孩子，搬去新城市后，桑妮非常想跟那些小伙伴成为朋友，可是那些孩子不但不跟她玩，还想办法戏弄她。桑妮哭着跑回家，吓得再也不敢出去玩了。

桑妮的妈妈看到这一幕，没有去责怪那些戏弄桑妮的孩子，也没有训斥桑妮没用，而是带着她去野外锻炼胆量，去鼓励她做一些平时不敢尝试的事。一来二去，桑妮勇气倍

增，觉得自己曾经害怕的事，其实真的面对起来，也没什么了不起的。从那以后，桑妮再去找小伙伴玩，面对别人的戏弄，她学会了应对，也正是因为妈妈的锻炼教育，才让桑妮长大后无论在哪个领域，都成了出类拔萃的人。

　　所以家长在教育孩子的时候，一定要记得，他不是我们的附属，而是他自己，父母所能做的是去引导他，而不是管教他，作为合格的父母，我们只有和孩子保持人格上的平等，才会收获一个德智体美全面发展的优秀孩子。

答应孩子的事必须遵守承诺

古人说："人无信不立，业无信不兴，国无信则衰。"这句话的意思是：人没有诚信就无法立足，生意不诚信就无法兴旺，国家没有诚信就会衰落。我们在生活和工作中，都应秉承着这个信条去做人做事，也只有注重诚信，才会让我们收获良好的口碑与不俗的业绩，所以，遵守承诺，讲究诚信可以说是我们的安身立命之本。然而，扪心自问，我们是不是对一个人很难做到遵守承诺？那个人就是我们最爱的孩子。

人好像有一种共性，那就是对外人殷勤备至，小心维护，对至亲的人则大而化之，还美其名曰，家是避风的港湾，我何必还要处处谨慎？所以，被我们伤害的往往是身边的人，而这里面也包括孩子。

比如，等爸爸忙完这个月，下个月带你去迪士尼；等妈妈有空了，带你去海洋公园，我们去看海豚；你要是听话，好好学习，爸爸好好陪你几天，你想去哪儿玩咱们就去哪儿玩……这些话几乎是我们为人父母者经常挂在嘴边，张嘴就会对孩子许下的承诺，但是，真正能兑现的又有几回呢？

成年人的世界确实辛苦，我们也许被加班，被出差阻挡了兑现我们当初对孩子许下的诺言，我们可以有一百条理由来解释，我们为什么没有信守承诺，可孩子接收到的讯息却只有一条，那就是爸爸妈妈说话不算数。

前些时候，一则央视新闻感动了无数父母。在一个幼儿园的门口，接孩子的家长熙熙攘攘，而在这些家长的队伍中，有一位爸爸穿着恐龙玩偶的衣服，矗立在那里，引来了家长们的围观。这位爸爸说："我答应了孩子，如果他这个月在幼儿园表现良好，我会化身成他最爱的恐龙来接他放学。孩子做到了，我作为爸爸也必须遵守承诺。"这件事情被网友发布到了网络上，感动的不仅仅是家长，还有孩子，他们纷纷留言表示感动哭了，好想有一个这样的爸爸。

孩子的世界很简单，简单到无论父母说什么，他们都会相信，所以，我们一旦对孩子许下诺言，就必须信守承诺，这不但是一种生活态度，更是每位爸爸妈妈都应该坚持的教育态度。

陶侃是东晋时期的名将，他为人厚道，讲诚信，所有与他交往的人都对他的品行赞许有加，这为他积攒了许多得以助力的人际关系，也使得他可以平步青云，而他之所以会在事业上取得如此大的成功，跟他的母亲有着密不可分的关系。

陶侃年幼时，家中一贫如洗，这让他不好意思邀请好朋友来做客。范逵是陶侃最好的朋友，很想去陶侃家玩，陶侃推辞了几次后，也有些不好意思，于是回家跟母亲说出了内心的忧虑。

母亲承诺他说："你尽管让范逵来做客，母亲会把他招待好的。"陶侃知道自己家徒四壁，有些不安地说："母亲大人，范逵家的条件特别好，他也不会一个人来，他的那些随从跟班都要招待，我们家哪里有那么多钱？我看还是算了。"母亲告诉他："你尽管让他们来吧。"

陶侃欢喜地去邀请范逵了，母亲却在家犯了难。家里确实拿不出钱，可是既然答应了孩子，就无论如何都要做到。母亲看到自己及地的长发，突然有了想法。她把自己的头发剪掉，拿去卖了钱，买了好多大米蔬菜，隆重地款待了范逵。范逵知道了陶侃的家境后，心知能这么热情地招待自己，陶侃是真心对待自己，从此以后，范逵跟陶侃更加亲密了。而陶侃看到母亲为了招待自己的朋友，居然卖了头发，又是感激又是难过，发誓以后好好读书，成为有用的人，让母亲过上最好的生活。

有的家长也许会说，我的孩子懂事，就算我没遵守承诺，可是把道理说给他听，他能理解我的。确实有的孩子非常懂事，体贴父母，但是，我们要明白，这份懂事是建立在孩子失望的基础上的，久而久之，孩子会对我们缺乏必要的信任，而信任的缺失会使孩子以后在学习和事业上习惯用审视怀疑的态度去对待其他人，可谓得不偿失。

我国著名的画家、散文家、文学家、美术教育家与音乐教育家丰子恺先生，不但在多个领域有着不菲的成绩，在教育孩子方面，也可以称得上是大家，是家长所要学习的楷模。

丰子恺的工作十分繁忙，找他谈事情的人很多，有的人甚至等不及预约，直接就找上门来，就连家中的夫人都说："你可真是个大忙人，每天睁开眼睛就没有闲下来的时候。"可就算如此，但凡他答应孩子的事情，没有一桩会爽约。有一次，丰子恺打算出门见朋友，刚穿戴整齐想要出门，就看到长子瞻瞻一脸不悦地看着他。丰子恺急忙去查自己的记事本，上面郑重地写着，今日带瞻瞻去买大串的香蕉。可是时间已然来不及了。夫人觉得，一个小孩子想要点儿零食，这又不是什么大不了的事情，自己带他去便可。可是瞻瞻盯着丰子恺，眼睛里全是失望，于是丰子恺抱起瞻瞻，大步出门。

不一会儿，丰子恺肩膀上扛着熟睡的瞻瞻回来了，夫人好奇，问道："香蕉呢？不是说去买香蕉？"丰子恺小声说："别吵醒了孩子，肯定是他困了，没拿住，香蕉掉在路上了。"夫人有些不悦，毕竟香蕉价格不便宜，丰子恺却笑着说："只要瞻瞻没有失望，损失点儿香蕉又算什么呢？"

父母是孩子成长中的第一位老师，最好的教育就是言传身教，如果我们不能遵守承诺，那么，孩子就会以为这是小事，做什么事情都可以有理由反悔；如果我们能做到言出必行，那么，我们的孩子长大后，肯定也会成为一个讲诚信、有责任心的优秀的人。

学会和孩子进行约定

古人云："求其上者得其中，求其中者得其下。"用家长的心态去看待这句话，那么直白些的解释就是：如果要求自己的孩子在学习中得第一名，那么，结果往往就会低于我们的期望，孩子就会得第二名，而如果我们要求孩子得第二名，那也许孩子得的就是第三名。虽然老话说"天不遂人愿"，但是换一个角度去想这个问题，我们作为家长，是不是应该和孩子建立一个约定，而不是一味地要求？

其实作为身经百战的家长，我们每个人都明白，无论是在学习还是在工作中，如果想要得第二名，那么就必须以第一名的标准来严格要求自己，甚至付出比第一名还要辛苦的努力。而如果想要独占鳌头，成为翘楚，那一定要对自己严苛到极致，拼尽全力。所以，想要孩子在学习上、生活上，有长足的进步，有令人惊喜的成绩，我们作为家长所要做的，就是激发出孩子内在的潜能和上进心，而能实现这两种目标的最好的方法，就是学会和孩子进行约定。

提起邓亚萍的名字可以说是大多都认识，说她是中国最伟大的乒乓球女运动员也不为过。她五岁就开始接触乒乓球，进入国家队后，获得过四块奥运金牌，十四个冠军头衔，在世界排名榜上，她占据第一的位置长达八年。

她之所以能有如此瞩目的成绩，除了她爸爸的悉心培养外，还有就是，在她儿时，和爸爸曾经有过一个关于乒乓球的约定。

邓亚萍的父亲是一名体育教练，她从小受父亲的影响，立志长大成为运动员。但是她身高不高，手脚也不够长，对于她非常喜爱的乒乓球运动来说，并没有什么天赋和优势，邓亚萍非常沮丧。爸爸见她整天郁郁寡欢，于是就问她："你非常喜欢打乒乓球吗？这个职业非常辛苦，只凭三分钟的热度是不行的，你觉得你能坚持下来吗？"邓亚萍倔强地说："我一定能坚持下来。"于是邓爸爸因势利导地跟邓亚萍做了一个约定，那就是，以后邓亚萍在训练的时候不许叫苦，不许怕累，不许反悔，要是违背了这个约定，那她就要乖乖地去考大学。邓亚萍用力地点了点头。

从那以后，邓亚萍开始了艰苦的训练，为了乒乓球她吃尽了苦头，腿摔破了一次又一次，胳膊也肿了一回又一回。可每次爸爸问她辛不辛苦，她都笑着说："我没忘记我们的约定，我才不会上当，放心吧，一点儿都不辛苦。"

带着约定，带着信念，邓亚萍十岁时就获得了全国少年乒乓球比赛的冠军。邓亚萍凭借自己优异的成绩，最终进入了国家队，有了傲人的战绩，成了世界乒乓球历史上最厉害的女选手。

有些家长也许会说，我也会跟孩子进行这种约定。如果你有这个想法就是错误的，也就是说你还没有理解约定的真正意义。所谓跟孩子的约定，其实就是商量，是对孩子想法的一种尊重，是培养孩子自我诚信的一种方式，虽然约定也是一种规则，然而这种规则却是存在于孩子想法的基础上，而不是指的我们家长。

既然明确了约定的意义，我们就要找出跟孩子最合适的约定方法。切记这种方法一定要越简练越好，不宜过长，不宜烦琐，否则孩子执行起来困难，父母长期信守这个约定也会造成一定的压力。

如果说贝克汉姆曾是足球场上最闪亮的明星球员，相信没有人会反对。在退役之前，只要他一出现，全场的尖叫声就不会停，相机的拍照声也会在各处响起。所有人都对他精湛的球艺叹为观止，击掌叫好。

贝克汉姆之所以能有举世瞩目的成绩，离不开他和爸爸的一个约定。贝克汉姆对足球的喜爱从三岁就开始了，小小年纪的他只要有空就会去踢球，尽管那时还是"玩"球多于"练"球，但父亲一直苦心培养他。可贝克汉姆毕竟还是个孩子，足球对他来讲仅仅是个喜欢的游戏而已，没有经过系统训练的他，对于是否能把球踢好，也不是很在意，父亲看在眼里，计上心来。于是，在贝克汉姆上小学时，父亲和他有了一个关于足球的约定，那就是：如果他能不通过助跑就在禁区边踢进去球，就能得到零花钱，射进一次可以获得五十便士。这让贝克汉姆非常开心，因为他很轻松就能得到零花钱。于是，他卖力地练球，直到球艺越来越娴熟。等到长大成人后，他在足球领域获得成功才明白了父亲的苦心。

　　约定的名词注解是商量并确定。我们作为家长如果想跟孩子进行约定，要切记，这份约定约束的不仅仅是孩子自身，还要有我们的参与。这样才能让孩子体会到约定的重要性，并且积极参与进来。

　　约定看似是一个家庭中的小小契约，但是延展开来，它会让孩子从小养成很多良好的习惯。所以，不要轻视约定，从现在开始，让作为家长的我们行动起来，学会跟孩子来一场说做就做的约定。

学会跟孩子"商量"而不是"命令"

美国著名的心理学家亚伯拉罕·马斯洛曾经提出过需求层次理论，他在理论中认为，受尊重的需求是人类较高层次的需求。一旦这种需求无法获得满足，人类就会产生沮丧、失落等负面情绪。而作为家长，我们缺少的正是对孩子的尊重。

在某些时刻，我们也不能一味地去指责父母，作为最爱孩子的人，父母的出发点从来都是呵护的，疼爱的，善意的。从孩子出生那天起，父母就没有一日不在担心他的生活，担心他被人欺负，希望他少走一些弯路，想把自己拥有的最好的全部都给他。

也许正是因为父母对孩子的这份深爱，导致付出了所有的父母忘记了一件事情——孩子应该有的尊重。我们习惯去命令年幼无知的小孩这个不能拿，那个不要碰，久而久之形成习惯，却忘记了他已经在悄然长大，大到需要得到理解和尊重。

　　钢琴家及作曲家帕岱莱夫斯基是世界著名的音乐家，他之所以享有崇高的荣誉和地位，除了跟他造诣深厚的专业有关以外，还因为他是一个十分懂得尊重别人的人，甚至在他眼里就连孩子都是值得商量，而不能去命令的人。

　　有一次，帕岱莱夫斯基在一个音乐大厅进行演出，当时一票难求，盛况空前，看演出的人都身着盛装，礼貌地坐在那里，等待聆听帕岱莱夫斯基的出色演奏。但是，在大厅一隅，却出了状况。一位母亲带着几岁大的孩子坐在那里等待演出开始，孩子很顽皮，不停地在椅子上爬来爬去，偶尔还把小脚踢到某位女士的裙子上。这是非常不礼貌的行为，母亲十分懊恼，她一边命令小孩子赶紧安安静静地坐好，一边小声地给那位女士赔礼道歉。可就在这个时候，小孩子居然偷偷地溜到了舞台上，坐在了帕岱莱夫斯基专用钢琴的琴凳上，用自己稚嫩的小手，弹奏起他在幼儿园新学会的歌曲《筷子》。顿时，整个大厅里鸦雀无声，大家都不知道该如何收场。

　　这时候，只见帕岱莱夫斯基缓步走到了小孩子的身边，他轻轻地紧挨着小孩子坐在了琴凳上，小声地跟小孩子说："你弹得真棒，能不能让我也加入呀？等我们两个弹完了这首，你把位置让给我，让我给你妈妈表演好不好呢？"小孩子想了想，同意了。于是，帕岱莱夫斯基这位著名的音乐家，就这样和一个小孩子，一起完成了这首《筷子》。一曲弹罢，全场观众起立，掌声雷动，他们不但感动于帕岱莱夫斯基的专业艺术水准，也为他对孩子的理解和尊重热烈鼓掌。

也许会有很多父母觉得跟孩子商量与否并不重要，长大后他一定会懂得父母当初的用意，但是，我们却忽略了一个问题，如果我们什么都以命令的方式去让孩子完成，那么，在这个孩子的认知世界里就会认为，只要有人吩咐他做什么他就应该去做。这会影响他主观能动性的思维，会让他成长为一个牵线木偶，只会听命令做事，很难独挑大梁。

有很多孩子长大以后，提起原生家庭都会感慨跟父母之间缺乏沟通，这是因为在他们年幼的时候，他们的父母没有学会与孩子共同商量。其实共同商量可以增加亲子之间的相互理解，更重要的是它可以教会孩子在社会上怎样做人和与人共事，也会让孩子懂得在商量中怎么与对方达成共识，把一件事情完成得尽善尽美。

　　鲁迅作为一代文豪在教育孩子的问题上，也有着自己独到的见解。他认为，如果不能在理解和尊重的基础上跟孩子有商有量，只是一味地命令孩子，这不是家长，这是暴君。

　　有一次，鲁迅宴请友人，做了一大桌子的好菜，居然还有难得一见的鱼丸。当时的北京，因为运输、地域等条件的限制，想买到新鲜活鱼做成鱼丸是很难的一件事。

　　鲁迅的家人那天早早就来到集市上买了最好的鱼丸回来，做好之后放在了桌子上。鲁迅的儿子周海婴年纪非常小，他偷偷地趁着大人们不注意吃了一口，这让鲁迅的夫人非常生气，觉得孩子很失礼。她刚想教育孩子，没想到孩子说了一句话，更加让她觉得颜面尽失。孩子说："妈妈买了臭鱼丸来待客，不好吃。"当时客人们也都举着筷子吃起了鱼丸，一个个都说："还好，还好，能吃到这种已经算是很好了。"孩子觉得没人理解自己，很是沮丧，大吵大闹，鲁迅的夫人命令孩子："赶紧回自己房间去，不要在这里捣乱。"鲁迅站了起来，走到孩子身边说："虽然爸爸不喜欢吃鱼丸，但是，我觉得你说的可能是对的，所以我先尝尝，再说好不好？等我尝完了，你乖乖地回房去写字，好吗？"孩子见有人跟自己协商，点了点头。鲁迅夹了一口鱼丸尝了一下，肯定地告诉孩子："你说的确实对，这个鱼丸果然不新鲜了，有淡淡的臭味，你的味觉还真敏锐。"孩子听完，觉得得到了大人的重视和肯定，愉快地回房写字去了。

对这件事鲁迅总结得很好，孩子有自己的思想，我们作为大人，不能去压制他，而要疏导他，跟他商量。也正因如此，鲁迅的儿子长大后，成了一个非常有思想有见地的物理无线电方面的专家。

美国成功学家卡耐基曾经说过：用"建议"，而不下"命令"，不但能维持对方的自尊，而且能使他乐于改正错误，并与你合作。这句话不但适用于成年人，更加适合于孩子。

面对孩子的天性，多一点宽容

　　初做父母的我们，只要是关乎孩子的一点一滴，都会变得紧张兮兮，尤其面对孩子的成长，他的一举一动、一言一行，我们都恨不能手把手地教导，想让他一蹴而成，少走一些弯路。其实，我们每个人都心知肚明，成长是一个过程，是一个把自己真实的切身体验转化为知识储备的过程，并不会因为他人的耳提面命就直接转化成为自己的人生体验，否则我们的父母所灌输给我们的那些经验，早就帮助我们走向成功了。

　　所以，我们不得不承认，只有日积月累，用时间发展出来的能力，才符合孩子身心发展的自然规律。我们一味地将自己的观点强加给孩子，其实是对孩子天性的剥夺，也是对孩子的不公平。

　　不知不觉，我们把小时候父母对待我们的那一套，全部都用到了自己的孩子身上，殊不知，我们正在重复父辈们的老路，努力地去跟孩子的天性对抗，试图让他成长为别人家中规中矩的那个小孩。实际上，如果我们肯静下心来，对自己的孩子的天性多些宽容，我们就会发现，原本难管的孩子，其实也很好管。

现在的世界变化得很快，有些孩子只是一味被动地听别人的话，面对事情也很消极，害怕得到惩罚，这样的孩子在社会中常会处于迷茫状态，不知道怎么办，更是习惯别人直接告诉他们要做什么。压抑孩子的天性，也就是打击了他们的积极性，这样对孩子将来的发展极为不利。

有儿童学家对孩子的天性做过总结，那就是孩子的天性大概分为七种模式，只要我们家长把握住这七种幼儿的天性模式，因势利导，那么，我们的孩子很有可能将来也会在某一领域成为专业人士。

孩子的第一种天性叫作游戏。人的本能就是趋乐避苦，所以，孩子喜欢游戏，家长如果想要跟孩子进行沟通，那么选择以游戏的方式进行，必将事半功倍。

第二种天性叫作模仿。孩子的世界最先接触的就是模仿，科学也好，艺术也罢，最开始都是以模仿的形式出现的。所以，如果发现孩子模仿别人，不管何种形式，都不要加以指责，而是要引导他，让他模仿好的技能，也许由此可以发掘出孩子的宝贵品质，让他有一技傍身。

第三种天性叫作好奇。千万不要忽略孩子的提问，他每天像是有十万个为什么一样喋喋不休，这种天性正是对世界未知领域的一种探索。多关注孩子好奇的方向，家长们积极参与，为孩子开拓出更宽广的知识面，将百利而无一害。

第四种天性叫作成功。不可否认的是，我们每个人都渴望成功，孩子也是一样。所以，趁着他天性所在，把我们想灌输给他的知识以竞技的方式传达给他，让他取得小小的成功，对他来讲，这不但是一种褒奖，也会让他对接受新生事物有着更强的求知欲与探索心。

第五种天性叫作户外。不知道各位家长发现没有，孩子无时无刻不想走到外面，这不是他在捣乱，也不是他顽皮，而是他想去大自然中寻求自己的渴望和对生活的热情。所以，多带孩子到户外走走，不但能强身健体，保护视力，也是开发孩子性格的好机会。

第六种天性叫作合群。每一个孩子都会有喜欢跟大一点的孩子玩耍的时期，无论是哥哥还是姐姐，都是他喜欢玩耍的对象，这就是孩子的天性，不要试图去阻止他。虽然他的那些大玩伴不能像大人般照顾他，然而，他在跟这些大朋友玩耍的同时，也正是他的智商与情商飞速提升之际。

第七种天性叫作赞扬。孩子太小，有好多时候，他虽然不知道自己做的事是对是错，但是他渴望得到父母的赞扬。

因此不要一味地指责孩子，也许他打翻一碗饭，正是他积极想要自己吃饭的一种表现。所以家长们要透过事物看本质，别让孩子的天性蒙尘。

　　西晋时期有一个著名的文学家叫作左思，在他很小的时候，他的父亲就立志把他培养成书法家，并以此为目标时刻督促他。可是，左思自己却对书法一点兴趣都没有，学习起来也不够用心。左思的父亲看儿子这个样子，虽然很失望，可也没有强迫他继续学下去。左思父亲又转了念头，觉得既然儿子不喜欢学书法，那就让他学习演奏，弹琴吧。然而，左思在弹琴上也没有任何的天赋，学了好久，还是弹不成一首像样的曲子，父亲很是无奈。

　　面对这种状况，也许有的家长见孩子一事无成，会觉得孩子天性愚笨，于是放弃远大的教育目标。然而左思的父亲却没那么做，他开始认真观察左思的一举一动，想看看他到底适合什么。通过观察，父亲真的有了新发现，他发现左思记忆力很好，喜欢背诗，而且看一遍就能记住。于是，左思的父亲依据他的能力和爱好，改变了对左思的教育目标，转而让他研习诗词歌赋。结果，左思父亲教子目标的改变很快取得了成效，左思在父亲的鼓励下迅速成名，把当时的文学创作推向一个新的高峰。左思的文风豪迈、大气，甚至被当时的文学界称为"左思风力"。尤其他历时十年精心雕琢的《三都赋》，一时间"洛阳纸贵"，被人们广为传抄。

不要扼杀孩子的天性，也许他顽劣的天性里就蕴藏着极大的天赋，因此我们要去做一个善于发现孩子天赋的人。

把大道理说明白，孩子才能听懂

图式是心理学中的一个专业术语，这是一种在大脑中存储各种信息的模板和方式。孩子们主要通过生活经验来更新大脑中的图式。所以，家长在跟孩子沟通的时候，不仅仅是提醒他一些生活必需的处理方式，也是在帮助孩子更新以后面对问题时，该如何应对的方式。

作为家长，我们会的大道理可以说张口就来，但是，如何把大道理说明白，说得让孩子彻底能听懂，让他能牢记在心，甚至能达到更新图式的境界，是门很大的学问。当然，这里面也蕴含着很多技巧，如果我们做家长的掌握了这些技巧，那么，我们的孩子在与同龄孩子的相处中，将会越发成熟，游刃有余地去处理各种问题。

比如，敦促孩子努力学习这件事，当然不能靠反复唠叨"你要努力，父母供你上学不容易"之类的语言洗脑来实现。即便父母真的是千辛万苦给孩子创造学习条件，在自身对孩子充满无限期待的情况下，也必须通过一定的技巧，在适当的时机把这些信息透露给孩子，并在以后的生活中慢慢地强化孩子主动学习的意识。父母不妨将自己在一定阶段内的学习目标分享给孩子，比如半年之内通过一项职业考试，或者熟练应用一种可以提高工作效率的新软件，请孩子帮忙监督自己。当每天晚上家里的气氛改变之后，父母不再整晚盯着平板电脑追剧，而是灯下苦读，孩子也会愿意和家长交流，想知道这样做到底有什么益处。家长可以告诉孩子，这样可以更快地提高工作能力，把工作做得更完美，也能得到更多的收入。孩子也自然会联想到自己，理解了学习和更强大的自己以及成就感之间的关系。他从生活中感受到了父母说的道理，道理就不再空洞了。

2003 年《不平等的童年》一书出版，这本书的作者进行了实地调研，选择了各个阶层的家庭进行了长时间的追踪调研，发现中产阶级的家庭在孩子的教育上采取的是协作理解能力的培养，而工人阶级和广大底层的家庭采取的是简单粗暴的栽培。也就是说，工人阶级和底层家庭的父母更习惯于讲大道理，但是他们欠缺的是把大道理给孩子说明白的本事，而中产阶级家庭的父母因为接受过良好的教育，他们会把大道理蕴含到直白浅显的对话中，让孩子彻底懂得这些道理的含义，继而融会贯通。

有些时候，家长其实也很困惑，明明我们遵循了专家的建议，把大道理说得浅显、直白，可孩子好像根本就听不懂，这到底是为什么？神经学专家通过专业比对，给出了孩子听不懂道理的原因。因为与成年人相比，儿童大脑的前额叶皮层只能释放出很少的抑制性递质，导致他们缺乏强大的自控力，无法像成人那样把焦点集中在一件事情上。所以，他们不能专注地听我们讲解一件事，而习惯于用他们发散性的思维去考虑问题，根本不会在意道理本身。面对孩子的这些特质，我们家长在给孩子讲道理的时候，也要运用发散性的思维方式，从孩子们感兴趣的地方入手，由浅入深地把道理给他们讲透。

阿道夫·贝耶尔是德国有名的有机化学家。有记者曾经采访过他，问他是如何取得这种世界瞩目的成绩的。阿道夫·贝耶尔说："如果要追溯起来，那还要从我十岁的时候说起。"

阿道夫·贝耶尔在儿时，每年的生日母亲都会给他举办得热热闹闹，异常隆重。在他十岁这年，他满怀希望地等来了自己的生日，却没有鲜花，没有礼物，更没有香甜的生日蛋糕，他很失望。后来妈妈提议带他去外婆家，阿道夫·贝耶尔又满心欢喜，以为到了外婆家大家会给他过生日，结果，外婆家里也冷冷清清的。在回家的路上，阿道夫·贝耶尔噘着嘴，满腹委屈，又不知道怎么说。妈妈说：“知道为什么今天没有给你办生日会吗？因为爸爸虽然年纪大了，可他仍旧要学习，要养家，要考一个律师执照来贴补家用，明天是他考试的日子。你觉得是过生日重要，还是爸爸考试养家重要呢？”阿道夫·贝耶尔急忙说：“我觉得还是让爸爸考试养家重要。”妈妈满意地点了点头，虽然她没讲什么大道理，可她却让孩子明白了，在生活中，什么才是排在首位，最重要的。

我们教育孩子时讲述道理不是要让孩子服从我们，而是要让他懂得沟通要有方式，要懂得“以理服人”。把大道理蕴含在生活中，身边的小事上，让孩子明白小道理有大智慧，在逐渐长大的过程中，孩子也会学会用浅显的讲道理的方式与其他人沟通。

父母有礼，孩子才有好家教

　　很多时候，孩子的家教能折射出父母的影子，反之亦然。父母有礼，孩子才能有好的家教，而父母无礼，孩子则相对来说，在家教方面就会有欠缺。

　　知名主持人马东也有一个相似的观点。他曾经说过，父母在孩子的成长过程中就是一面镜子，孩子首先模仿的人就是父母，如果我们粗犷豪放，那么我们的孩子就很难做到细腻体贴；如果我们思想偏激，那么，我们的孩子则很难成为一个开朗明媚的阳光少年。

　　这就是说，要想孩子的三观正确，做事努力、有原则，首先父母要成为这样的人。

　　提到教育孩子，不得不再提一遍丰子恺的故事。丰子恺为人斯文有礼，朋友同事都很欣赏他。因此他们家的客人络绎不绝，有来拜访的，有来特意请教的。每逢家里有客人要来，丰子恺都会一遍遍地告诉孩子们，对待客人一定要礼貌，必须要主动给客人添茶、端饭，而且，在做这两样的时候，万万不可用一只手去完成，那样是对客人的不敬重，一定要用两只手端好，递给客人。尤其客人要是送了孩子们礼物，一定要开心地用双手接过来，不管这礼物自己喜不喜欢，一定要牢记，这是客人千挑万选的心意，千万怠慢不得。

尽管丰子恺是位名人，但是他在教育孩子的问题上，一点都不马虎，所以亲戚朋友提起丰子恺的几个有教养的孩子，纷纷竖起拇指。

作为寻常百姓，如果父母能在生活上做到彬彬有礼，那么，我们的孩子也一定不会差。

王晓丽是新入职的一位员工，转正名额只有两个，可新入职的员工却有六个人，竞争可谓非常激烈。在王晓丽等人实习了半年后，大家纷纷建议，一定要留下王晓丽，因为她的好教养给大家留下了很深的印象。

在同事迎新的茶话会上，王晓丽给大家讲述了她从小是怎样在爸爸妈妈的教育下，成了现在这样一个有家教的人。

她说："过日子，难免有磕磕碰碰的时候，可在我的家里，我从小就没见过我爸妈会为什么事情互相指责，他们总是理性地分析遇到的问题，以及如何应对。而且，我妈妈严禁我回家抱怨老师，她总说，尊师重教是一个学生必须遵守的准则，我没有资格去背地里吐槽老师。在我们家的饭桌上，吃饭的时候嘴巴不许刻意发出声响，也不能在吃饭的时候夸夸其谈，要手捧着饭碗吃饭，更不能在饭后吃水果的时候跷着二郎腿。

"至于我爸爸，他觉得有家教的表现应该体现在尊敬和孝道上，比如我外婆做的饭菜偏甜，特别不适合我爸的口味，可是每次他都吃得笑眯眯的，对外婆的手艺赞不绝口，爸爸跟我说，这不叫虚伪，这是对外婆的孝顺，也是对她辛勤劳动的尊重和认可。我跟爸爸一起外出的时候发现，他无论是对修鞋的伯伯，还是卖猪肉的大姐，都会一视同仁，彬彬有礼，他时常嘱咐我，尊重别人就是尊重自己，这世上没有可以被轻视的工作和人。我想，正是我爸妈的言传身教，才让我成为今天大家眼中有家教的女生。"

有些家长是很实在的人，觉得只要具备一般的礼貌即可，不可太过拘泥，太熟的朋友用不着那么多繁文缛节。但是我们不能忘记的是，我们还需要面对我们的孩子，而在孩子的世界里，他分不清楚朋友远近的界限。如果我们不能持之以恒地对他人以礼相待，那么，孩子也会混淆其中的关系，对待他人就会分不清轻重，长大后这将会是一个很大的问题。所以，从现在开始我们要做一个有礼貌的家长，久而久之，孩子的家教就会在这份耳濡目染中逐渐形成。

想要孩子有家教，其实有几个固定的模式可以遵循。

首先，家长要以身作则。只要我们用对了方法，孩子自然也会以我们为参照，做到对任何人都彬彬有礼。

其次，最基本的礼貌用语一定要在家中使用起来，日积月累，让孩子形成一个固化的模式，这样等到他长大，就算不是刻意，他也可以自然流露出良好的家教。

再者，养成和孩子共同进餐的好习惯，餐桌上虽然不太适宜讲话，但是餐桌礼仪是现代人社交的一大看点。我们在跟孩子吃饭的过程中，可以纠正他的一些错误方式，用一点一滴的好习惯来培养他的好教养。

最后，鼓励孩子多跟别人接触，例如，日常买东西的过程，最好让孩子也参与进来，让他在应对之间，学会怎么样讲究分寸感，怎么样叫作得体。

郭德纲作为知名的相声演员，在舞台上看起来笑容可掬，可在家中，他教育起自己的孩子郭麒麟来绝不含糊，不但对郭麒麟要求严格，他自己本身也做到了言传身教。

郭德纲无论在哪种场合，只要是接到长辈的电话，必会站直身体，毕恭毕敬，不管对方能不能看见，他都会如此。郭麒麟有样学样，对待长辈也格外谦卑恭敬。

在郭德纲的家里，必须做到长幼分明，绝对不可以对比自己年长的人做出失礼的举动。就拿吃饭来说，在郭德纲家的饭桌上，历来都是长辈先吃饭，做晚辈的最后用餐，哪怕是家里的一个保姆阿姨，都得等她先吃完了，郭麒麟才有资格吃饭。有的人对郭德纲说："现在都什么年代了，您不能这么对孩子。"郭德纲说："无论是什么年代，尊敬长辈都是必要的礼数，这个跟年代无关，跟家教有关。自己的孩子，怎么教育都不过分，别等到自己疏忽了，让外人去教育他，那才是最丢脸的事。"

孩子有好的家教，不仅是一种礼貌的体现，实际上对他长大后的做人做事也有着莫大的帮助。所以，需要我们家长孩子的教育要从小开始，从日常中的点滴小事开始，也从我们家长自身做起。我们一定要牢记，只有家长有礼，孩子才会有真正的好家教。

勇于道歉，不要害怕道歉

某网络论坛上曾经发起过一个问答：为什么人们会害怕道歉。有一个人的回答可圈可点，他是这么说的："从表面来看认错会让人觉得这是不自信，认了错就像是认了输，就会觉得自己比别人差。"

无论对父母还是对孩子来讲，在乎输赢是每个人的天性，所以，要让自己直面认输的后果，这个勇气不是谁都有的。很多时候，我们作为家长明明知道是自己错了，可我们宁愿用别的方式去让孩子感知我们的歉意，也不愿意对孩子亲口承认一句：我错了。

就连家长都在躲避道歉，可想而知，会为孩子带来什么不良的影响与暗示。现在除了智商以外，人们对情商也格外地注重，一个人情商的高低决定了他将来的人际关系，而对于情商的评价，有一句话特别中肯——情商高的人一定是勇敢而又理智的人。所以，想要孩子将来的人生路途走得顺遂，作为家长的我们，首先就要提升他的情商，而提升情商所迈出的第一步，就是学会勇敢，敢于直面自己的错误，学会勇于道歉，不要害怕道歉。

丽景小区是一个普通的半开放式的小区，因为是老小区，没有固定的停车场，所以，大多数业主的车都停在了小区里。一天傍晚，这个小区沸腾了起来，所有有车的业主都在小区里大喊大叫："谁家的倒霉孩子把我的车划成了这个样子？""是啊是啊，我这可是新提的车，你们看看，上面还给我画了条鱼。"原来，不知道是哪个孩子调皮，把所有人的车都划坏了。由于老旧小区里监控设施不完善，一时半会儿也找不出是谁干的，于是，叫骂声从傍晚一直延续到了天黑，家家都在议论，这到底是谁家孩子干的。

王立强今年九岁，刚上小学二年级，一贯调皮不爱写作业的他今天却很乖，王妈妈觉得他有点儿异样，于是问他："你今天放学回来直接回家了吗？"因为王立强所在的小学就在小区门口，所以王立强一般不需要家长接送。王立强有些躲闪地说："没有，我在院子里玩了一会儿。"王妈妈接着问他："那你知道小区里那些车子是谁划的吗？"王立强不吭声，低着头，不停地用手抠着指甲。毕竟是自己的孩子，王妈妈心里已经猜得八九不离十，于是王妈妈果断地打电话，联络了平时经常修车的店家，先跟其口头商定了协议，然后带着王立强就往外走。

王立强小声问："妈妈，我们要去干什么？"王妈妈说："我要带着你去挨家挨户地赔礼道歉。"王立强一听，哭坐在地上，说什么都不敢去，他怕对方生气，会骂他。王妈妈说："你记住，将来无论什么时候，只要你犯了错误，第一件事就是去找对方道歉，不要想着把事情拖过去，你犯的错误如果不能及时道歉，将来就会像滚雪球一样，越滚越大，最后大到让你承受不起。"

王妈妈带着王立强挨家挨户地道歉，并且拿出了合理的补救方案：所有被划坏的车都可以去王妈妈熟悉的车行免费维修；如果自己想去单独维修，那么拿着收费凭证，王妈妈会给大家如数报销。王妈妈诚恳地跟每一个人低头说着对不起，王立强见妈妈这样，也都跟叔叔阿姨说了对不起，他做梦都没想到，这些叔叔阿姨不但没有责怪他，反而劝妈妈不要太生气，毕竟孩子还小。

就这样一件事，因为王妈妈及时道歉，才没有铸成大错，而且后来那些车主说，如果实在找不到人，大家打算联名去法院起诉。王妈妈说得没错，只要及时道歉原本的错误是可以承担的，可一旦推迟，那么，这个后果谁都负担不起。

英国著名流行音乐创作歌手、享誉盛名的音乐艺术家艾尔顿·约翰说过："'对不起'可能是最难说出口的词了。"通过王立强妈妈的做法，我们不得不看破一件事情，那就是，内心强大、情商高的人，不但能勇于承担一切错误的后果，也有勇气主动地去道歉，而不会害怕或者畏惧道歉。王立强妈妈的做法显而易见会给王立强的内心带来很大的影响，相信以后他再遇到同类的事情，一定会像妈妈一样，去为自己犯下的错买单。王妈妈用自己的做法，给孩子上了别致而生动的一课。

所以，要教育孩子学会道歉，道歉不仅是一种承担，也是一种敢于直面问题的勇气。

王怡的儿子在学校里是个名人，他是班长，而且因为身材魁梧，学习又好，所以在班级里很有震慑力。有一天，在上自习课的时候，班级里有个男同学一直捣乱，王怡的儿子上前去阻止，惹得那个男同学火冒三丈，打了他一拳。这下把王怡的儿子激怒了，他跟对方约架，下了课去卫生间打架，然后王怡的儿子赢了。回到家里他跟王怡说了这件事，孩子认为自己没做错，这一架让他在班级里更有威望了。王怡听完后，告诉儿子："你明天必须当着所有同学的面，去跟挨打的同学赔礼道歉。"孩子听完愣住了："为什么是我道歉？我做错了什么？你不是说只有做错了事情才要道歉吗？可我觉得我没错。"王怡说："你怎么会没错？你作为班长，以暴制暴就是错误。今天你打赢了，扬扬得意，觉得自己有了威信，可你要是输了呢？是不是就觉得自己以后班长当得不够理直气壮？一个男人，如果总想用武力去解决问题，那么，你就已经在三观上、人品上首先输了，所以，你必须去跟同学道歉，以一个班长的身份。"

第二天，王怡的儿子乖乖地当着大家的面去跟同学道歉，意识到自己不该觉得权威受到了挑战就跟同学约架，以后自己一定当个称职的班长。结果，他不但没有损失颜面，同学们反而因为他的勇气为他热烈鼓掌。

勇于道歉，不但体现了一个人的自身修养，往大了说，更能看出一个人的格局。道歉不是屈，不是后怕，而是对责任的承担，对长远的观望。所以说，教会孩子不要害怕道歉，不仅仅是培养他的担当和责任感，更是对他往后岁月中的一种历练，让他更懂得其实在所有对待错误的解决方式里，道歉是最合理最完美的一种。

第二章
学会养育，就是经营孩子的未来

让孩子懂得感恩、有责任、有担当的同时，父母也要学会尊重他们的选择与梦想。

有梦想的孩子有无限空间

　　为人父母最担心的是什么？恐怕就是自己的孩子离经叛道，行差踏错。我们希望他健康快乐地成长，希望他顺顺利利地成长为国家的栋梁。我们不怕孩子有梦想，可我们觉得完美的梦想是琴棋书画，是运动，是探索，而不是一些漫无边际的想象，例如摇滚歌星、影视巨星、柯南那样的私家侦探，或者一个终日流浪的追风少年。孩子们这些离奇的梦想往往会让家长觉得不寒而栗，觉得恐慌，生怕他们为此付诸行动，因此，把孩子带入正途，扑灭他们的这些梦想，是每个中规中矩的家长都会做的。

　　然而，往往有些家长剑走偏锋，他们会纵容孩子的梦想，甚至会帮助孩子尽量去达成他们的梦想。也因此，当我们看到一些孩子因为梦想的达成而扬名立万之际，再想想自己孩子当初的梦想，会不会有一丝遗憾？我们的孩子是不是也能在我们的养育之下，完成那些在我们看来遥不可及的梦想？

阿姆斯特朗儿时是个顽皮的孩子，他整天跟小朋友在一起玩耍，因为过于调皮，经常打破邻居戈斯基家的窗子，再不就是踩踏戈斯基家的草坪。戈斯基的老婆对顽劣的阿姆斯特朗非常厌烦，她觉得这个讨厌的男孩子将来一定会不学无术，整日跟小混混在街头游荡。

有一天，阿姆斯特朗和妈妈在院子里乘凉，看着皎洁的月亮，突然有了自己的梦想。他悄悄对妈妈说："妈妈，我想长大后飞到月亮上去。"妈妈笑着说："你这个主意好，但我希望你上去后，别忘了回家吃晚饭。"

从那天开始，阿姆斯特朗着了迷一样去了解月球的知识，而他的妈妈也给了他莫大的鼓励。阿姆斯特朗终于明白，真的想要成就自己的梦想，仅仅依靠自学是远远不够的，于是，他成了课堂上最认真听讲的孩子。就这样，中学和大学，他都以优异的成绩毕了业。

有一次，邻居戈斯基跟老婆因为一些小事起了争执，戈斯基老婆暴跳如雷地大骂："你想要睡觉，除非邻居那个讨厌的阿姆斯特朗真的能飞到月亮上面。"没想到，一语"成谶"，最后他——阿姆斯特朗，真的成了世界上第一个登上月球的人，他最终完成了这个看起来遥不可及的梦想。

张文质老师曾经说过："我们的目标窄化的教育其实根本地忽略了对人本来应有的，而且是责任重大的那份关注，怯懦、自卑、不善言辞、缺乏表现力几乎成了我们的通病，就是等到有一天醒悟过来，我们要去改善自己时，将发现那又何其困难啊。"

很多时候，家长出于保护的目的，试图去纠正孩子的一些不切实际的想法。其实这是错误的，孩子的梦想正体现出他天马行空的优势，我们作为家长一定要先弄清楚孩子的真实想法，站在孩子的角度去想问题，也许，我们就会有不一样的发现。

养育孩子确实是一个超级大的课题，因为不仅仅要让他吃饱穿暖，还要注重孩子的心理建设，也许，我们无意中的言行，就改变了孩子一生的轨迹。

所以，想要经营好孩子的未来，家长需要给孩子足够的空间，也应该充分尊重孩子的话语权，对他的小梦想哪怕尽管在我们看来是白日做梦，也不要讥讽嘲笑，而应该因势利导，弄懂孩子的内心究竟想要的是什么。

有一天，妈妈喊刘刚帮忙打扫卫生，刘刚噘着嘴，很生气，一边干活一边说："妈妈，我不要做这种事情。我以后要成为大作家，挣很多钱，到时候我就请保姆来做这些事情！"

妈妈却说："成为作家的首要条件就是要有生活体验。你要是连家里的卫生都不想做，是不可能写得出大家认可的内容的。古人都说'一屋不扫，何以扫天下'，打扫家里卫生你都不愿做，体验普通人的生活你就更不愿意了，你这样没有生活体验写出来的东西会脱离普通大众，也不会有人看得懂的。"

"好像很有道理啊。"刘刚若有所思，在妈妈的话语里，他听出了鼓励也听懂了一些道理。

妈妈见此继续说："妈妈说的是真心话。你不是喜欢郑渊洁叔叔吗？他能够写出这么好的故事就是因为从小脚踏实地，认真学习，努力工作，从生活中找寻灵感，领悟其中的道理。妈妈当然支持你实现梦想，但是这需要你去真做真感受，只是等着、看着是成功不了的。"

作为家长我们可以学习一下名人传记，会发现，有好多成功人士都是因为执着追求儿时漫无边际的梦想，才成了他们想要成为的人。他们往往都不乏来自父亲或者母亲的鼓励，只要有一个亲人对他们给予足够的关心和支持，他们就会达到今日的高度。

所以，对于我们身边有梦想的孩子，我们要支持鼓励他们，给他们一定的发展空间，兴许，我们的孩子也会因为我们的支持，创造出属于他们自己的奇迹。

语气多一点信任，孩子多一点担当

蔡元培先生在《中国人的修养》中提到：决定孩子一生的不是学习成绩，而是健全的人格修养！小孩子的成长过程，正是人格修养逐渐成形的过程。有许多家长也许还不了解，能保证孩子人格修养健全发展，让孩子多一点担当，多一点责任心，甚至多一点爱心的不二法宝是什么。其实很简单，就是我们在对孩子说话的过程中，在语气上，多给孩子一点点信任。

千万不要小看语气中的这一点点信任，它不但可以在孩子跟父母之间搭建一个稳固的沟通平台，还会让孩子懂得被尊重、被理解有多么重要，甚至直接决定了孩子长大后的情商的高度。也许有的家长会说，一个小小的语气，哪里就会有那么重要。

比如，孩子想要买个画板学画画。如果我们用信任的语气跟孩子讲："你真的好棒，我相信你肯定会画出你心目中的房子、花园、各种小动物。"小孩可以感受到我们对他的鼓励。可如果我们换一种语气："就你？还画画，你上次说要学游泳，买了那么多装备，你游了吗？你会了吗？干什么都三分钟热度，还好意思要画板？"简简单单的几句话，对孩子来讲，伤害是显而易见的。小孩子还不会分辨大人语气中的戏谑调侃成分。也许，我们说了他以后，还依然会给他买画板，但是在他的内心世界里，他却已经对自己的能力产生怀疑，继而开始退缩，不但没有了自信，也没有了担当，觉得自己肯定做不好，久而久之，对孩子的心理和智商的发展都会带来负面的影响。

在美国有一个叫作艾伦的孩子，他从小因为脑膜炎，导致脑神经受损，只能做简单的事情，可是他又特别想去上学。于是，妈妈带着他找到校长，校长原本不建议他就读正常的小学，可是他的妈妈却摸着艾伦的头笑着说："我相信他可以适应正常小学的生活，求您给他一个机会。"校长看着笑眯眯的妈妈和艾伦，答应给他们一学期的时间，如果这一学期，艾伦能够不捣乱，安安静静地学习，就算他的成绩不好，校长也不会让他退学。妈妈和艾伦听到这个消息，都高兴得跳了起来。

艾伦的班主任玛丽是一个善良的人，她也习惯像艾伦妈妈一样，摸着他的头说："我相信艾伦通过慢慢地思考，肯定会把这道题做出来，对吧艾伦？"每当老师用信任的语气这么询问他，艾伦都会认真地点头，认真地去思考，虽然他的思维比较慢，可是经过几天的运算，他真的把数学题做出来了。

转眼间，到了一年一度的作文大赛时间，每个人都没想到，拿到比赛第一名的竟然是艾伦。他在作文里写道："我知道自己是一个有残疾的孩子，可我很开心我的妈妈信任我，她会笑着摸着我的头，夸我真棒。我也很兴奋能来到这个学校学习，因为我的班主任玛丽老师跟妈妈一样，她也信任我，她觉得我虽然慢了一些，可是交给我的任务我都可以完成得很好。也正是妈妈和玛丽老师对待我的态度，让我知道，我也是一个有用的男子汉，以后我会尽可能地去帮助别人，就像我是个正常人一样，因为我觉得这是我作为一个男人的担当。"

原本一个在外人看来，等同于残疾的小孩，就这样在信任的语气中，重拾了自己的信心，有了担当和责任感，并且愿意去回馈那些同样需要帮助的人。

其实我们都知道，一个孩子的情商和智商以及责任和担当，完完全全取决于父母的言传身教，培养一个懂得关心和尊重他人、正直诚实有担当的孩子是每位家长的责任和义务。选择用语气中多一点的信任，去换取孩子的担当，是非常值得的一件事。

大卫有两个儿子，一个七岁，一个五岁，都是很顽皮的年龄。有一天，大卫带着孩子们在自己家的花园里割草，邻居们啧啧赞叹，都夸赞大卫的花园是整个街区里最漂亮的，大卫听了很是开心，于是更加卖力地想把花园收拾得更美。这时候，大卫的妻子喊他进屋接一通电话，离开时大卫忘记了关割草机，结果等他回来的时候，只见他的宝贝儿子把整个花园里的草全部剪掉了。大卫非常生气，他不听两个孩子的解释，一味地怒吼，这时候他的妻子出现了，只见她蹲在孩子们的面前，温柔地问道："你们谁能告诉我，这么做的用意是什么？以我对你们的了解，你们肯定是要干一番大事业，给爸爸一个惊喜对吗？"妈妈话音刚落，两个孩子委屈地哭出声来。原来，他们听见邻居都在夸爸爸，就想趁着爸爸不在，把花园修剪得更美丽，结果就把草坪里的草都剪掉了。妈妈听完笑了，于是，这一家四口重新整理了草坪，让草坪按照孩子们的设想，变得更加漂亮。

朋友们听了大卫夫妻教育孩子的故事，都想亲自体验一下，于是，他们来到大卫家举办聚会。大卫家很少来这么多的客人，小儿子欣喜若狂，激动之下将一整瓶的白葡萄酒全部洒在了打开的钢琴上，这架钢琴以后再也弹不出美丽的音符了。

朋友们都睁大眼睛，想看看大卫夫妻会怎么做，只见妈妈走到小儿子身边说："哦，我可爱的儿子，我知道你肯定有自己的用意，而不是喂钢琴喝酒一起庆祝对吧？"小儿子点点头说："我是想把白葡萄酒拿去给客人喝，可是我没有那么大的力气，所以酒才会洒在钢琴上。"朋友们对大卫夫妻教育孩子的方式心服口服，而这两个孩子长大以后，也确实没有让人失望，成了有担当、有责任感的好孩子。

孩子其实有很多时候跟成年人的思想会不谋而合，孩子也希望得到成年人特别是父母的信任，所以对孩子说话时要表现出充分的信任。这会潜在地增强孩子的自信，并让他明白，只要有担当有责任心，就会得到父母的信任。久而久之，孩子对待一切事物都会变得成熟起来，不要小看做父母的一句简短的话，那可能会是你的孩子成为成功人士的起点。

让孩子从小懂得感恩孝道

"百善孝为先"，我们为人父母者，除了让孩子身体健康，学业有成以外，心里最大的祈愿莫过于让自己的孩子能够懂得感恩，孝顺我们。但是有很多时候，我们的想法虽然不错，但是行为上却有失偏颇，我们对孩子关于感恩孝道的教育往往偏离了正轨。

比如，我们经常会对孩子说："看看，要不是为了照顾你，妈妈能得了腰脱？""爸爸妈妈不离婚，是为了让你有个完整的家。""爸爸要不是为了照顾你，事业上早就成功了，都是为了你。"作为家长我们要切记，我们跟孩子唠叨这么多，无非是想让他懂得感恩，懂得我们为了他到底付出了什么，也许我们说的都是事实，但是对于孩子来讲，这不叫爱的传递，这叫抱怨，说得严重一点儿，这叫作道德绑架。

心理学家李雪曾说："越不会爱的父母，越希望孩子感恩，因为没有爱的能力，所以为孩子做的每一件事情，都是对自己的损耗。"

那么，如何正确地让孩子懂得感恩呢？我们不妨来看一个关于感恩孝道的事例。

高雨欣，年仅十一岁的花季少女，正在上学的她每天放学后，不但没有跟同龄的小伙伴一起去玩耍，甚至就连暑假，还要跟着妈妈一起为生计忙碌。

每天的傍晚，在人流密集的夜市上，总能听见一个稚嫩的声音在高喊："烤肠、烤面筋、烤肉串。"这个叫卖的声音就是高雨欣发出来的。

高雨欣在八岁的时候，父母就离婚了，妈妈又被患有精神疾病的舅舅砍伤，右手落下终身残疾。因为妈妈伤在手上，所以找不到合适的工作，只能依靠低保来维持简单的生活。虽然有好心人出资，帮助妈妈办起了一个小小的烧烤摊，可是高雨欣担心妈妈的身体，于是，只要有时间，她就到烧烤摊帮忙，一来二去，高雨欣成了家里的主要劳动力。从八岁起，高雨欣就包揽了所有的家务，做饭、洗衣、扫地，她样样精通，高雨欣的妈妈每次提到她都会伤心落泪，妈妈觉得别人家这么大的孩子，还在家长的怀抱里撒娇，而自己却把孩子拖累得早早肩负起家庭的重担。就算是这么辛苦，高雨欣小学毕业考试依然是全年级第一名。高雨欣拿着成绩单喜笑颜开地递给妈妈看，突然她说了一句："我考得这么好，都是妈妈教子有方，您等着，我去奖励奖励您，给您亲手烤上一根香肠。"妈妈看着懂事又孝顺的高雨欣，幸福的眼泪再也忍不住，汨汨地流了下来。

我们有的家长时常会跟朋友、家人抱怨：你看看别人家的孩子，又懂事又孝顺，你再看看我的孩子，我为他做什么他都觉得理所应当。如果遇见同类的问题，那么奉劝家长反思一下，从自身找原因，这不是说我们不爱孩子，而是因为我们太过溺爱孩子，反而忘记了正确教育孩子的方法，才导致他忘记了感恩。

想要让孩子懂得感恩孝顺，从科学的角度来讲，我们需要从以下几个方面入手：

一、禁止家长包办

所有关乎孩子的事情，能让他参与进来的，一定要跟他沟通，切忌大包大揽，让孩子误以为这是父母应该做的，跟自己无关，做好了是父母的本分，做不好是父母的无能。一旦孩子有了这种心理，试问，谁还会对别人应该做的事情感恩呢?

二、感恩教育的缺失

我们作为家长，不知不觉成了"孩奴"，为了孩子付出一切，然后享受着父母为我们做的一切。我们不要忘了，孩子会把一切都看在眼里，上行下效，他会心安理得地享受我们所给予的，因为他看到我们也是这么做的。

三、周边的影响

多带孩子融入社会，在大环境中让孩子体会到什么是孝道，什么是感恩，而不是纸上谈兵，以为给孩子讲讲二十四孝，孩子就能体会到感恩和孝顺的精髓，一定要多让孩子参与到跟感恩和孝顺有关的行动中去，让他切身体会到作为一个个体，感恩和孝顺是必须遵守的一种行为。

前些日子，一则女大学生带着残疾养母上大学的故事，让很多人为之潸然泪下。

这个女大学生叫孟佩杰，在她五岁的时候父亲去世，母亲带着她艰难生活，然而，母亲又生了重病，小孟佩杰无人照料，母亲含泪将她过继给了养母。养母虽然对孟佩杰非常好，可不幸的是，养母在三年后瘫痪在床。孟佩杰那时候还不到八岁，有好心人对她说："你那么小，还需要别人照顾，把你送去儿童福利院吧，你在那里会生活得好一些。"可小孟佩杰却说："我不能离开养母，她以前对我那么好，我怎么可以在她生病的时候离开她？"从那以后，小孟佩杰挑起了生活的重担。

当别人家的孩子还在家里享受着宠爱时，小孟佩杰已经需要拿着每个月养母微薄的病退工资，买菜，买米，安排两个人的生活。因为个子小，够不到煤气灶，她就踩着椅子做饭，然后喂养母吃。养母好几次不想拖累这个孩子，想要孟佩杰离开，可孟佩杰说："我虽然不是你亲生的，可你对我那么好，我应该回报你啊，这是我应该做的啊。"

要强的孟佩杰考上了大学，可是怕养母没人照顾，她很是踌躇，好在社会和学校为她开了绿灯，允许她带着养母上大学。这件事被媒体人报道出来，给了年轻人很大的启迪，他们觉得跟孟佩杰比，自己为父母做的实在是太少了。

孟子有云："孝子之至，莫大乎尊亲；尊亲之至，莫大乎以天下养。"意思是说：孝子对父母最大的孝行莫过于尊敬供养父母，最为尊敬供养父母的行为就是用天下来养他们。

虽然我们对孩子的爱是无私的，但是我们的父母对我们的爱同样是无私的，想要教育我们自己的孩子懂得感恩，懂得孝顺，我们作为家长要先去关爱我们的父母，让孩子在一点一滴中懂得，所有的爱都需要回报，这世上没有任何一种付出是天经地义的。

学会培养孩子的逻辑思维

我们作为家长，在生活或者工作中经常会遇到这样一种人，他们说话言简意赅，直击事情的核心和本质，句句说中要害，让人心悦诚服，继而让人对他的这种逻辑思维表达能力产生深深的敬意。我们每个人也都希望自己的孩子将来长大可以逻辑缜密，思维活跃，举一反三，成为一个让人敬佩的人。然而，这种逻辑思维绝对不是一蹴而就的，这需要日积月累的培养与训练。

如果我们想要给孩子讲述什么是逻辑思维，那么我们必须要知道逻辑思维的起源。这个词语的由来跟苏格拉底有着莫大的关系，正是由于苏格拉底通过一系列探问来获取答案，并对这些答案进行推断，找出各种复杂现象背后的关键问题，这才成为逻辑推理。

比如，我们在跟孩子说话的时候，就可以运用逻辑思维与他们进行对话，我们可以问他："宝宝，我们今天去了哪里呀？什么时候去的呢？都有谁去呢？我们去了之后又看见谁了呀？"这种对话看似简单，却蕴含着逻辑思维，因为这里有着时间、地点、人物。久而久之，孩子会习惯在阐述事情的时候，抓住重点，把时间、地点、人物逐一说清楚，而不是废话说了一大堆，却让人摸不着头脑，不知道他到底想要表达什么。

随着孩子年龄的逐渐增加，我们可以让他编故事给我们听，这是训练孩子逻辑思维行之有效的一种方法。如果家长们不知道该如何引领孩子进入故事的节奏，可以先从读故事入手。比如说，我们给孩子讲了小企鹅旅行记，然后可以反过来询问孩子，如果你是小企鹅，那你会怎么做呢？就这样，带领着孩子进入他孩童的思维，一步步地理清逻辑，养成习惯。

逻辑思维说得直白一点儿就是最高级别的思维能力，所以，想要锻炼孩子的这种思维还需要我们家长的全力配合，这种配合有个技巧，那就是我们不要期待孩子的答案，而是要引导孩子去思考。

托尼从小就生活在美国的孤儿院里，他来到孤儿院之前，有一段很惨痛的经历。因为爸爸妈妈都是酒鬼，没人管他，他一直长到五岁，还不怎么会说话，更别说逻辑思维了。所以，当他来到孤儿院后，常常因为表述不清楚一件事情，而让小伙伴们非常诧异。虽然没人嘲笑他，可是托尼的心里非常不好受，他总是闷闷不乐，独坐一旁，觉得自己非常没用。

有一天，院长看到他这个样子，自然明白他是因为什么，于是，院长将一块石头塞到托尼手里，托尼吓了一跳，问院长："你为什么要给我一块石头？"院长笑着说："你明天把它拿到跳蚤市场上去卖，不管谁给你多少钱你也不要卖，要把它拿回来。"结果，托尼拿着石头去了市场上卖，别人都觉得奇怪，有人居然会卖石头，可是不管别人出多少钱，托尼也不卖，大家就更好奇了，越发地开始讨论这是怎么回事。托尼看着大家议论纷纷，觉得很有趣，回家就跟院长声情并茂地讲述他遭遇了什么，院长让他第二天继续拿去卖。就这样，一个月过去了，托尼除了卖石头以外，就是给孤儿院的小伙伴讲他在市场的所见所闻，不知不觉，他的思维逻辑能力得到了巨大的提升，他已经忘了院长为什么让他去卖石头。

　　逻辑思维虽然能体现出孩子清晰的思路，但家长们也要注意，就是不能一味地追求逻辑思维而忘记了最重要的一点，那就是孩子在表述过程中对词汇的运用。如果他词不达意，那么，就算他的思维再缜密，也无法具体地把脑海中的想法陈述出来，所以，我们在训练他思维的同时，也要把字、词、句的运用传授清楚。

　　家长们千万不要以为词汇的使用是老师的事情，有些孩子还没入学，就已经可以很精准地用词汇来说出自己内心的感受，这都是家长的功劳。

　　其实这方面也有一个小窍门，我们可以观察孩子日常生活中有没有经常使用同一个词语，因为孩子在发育过程中会有一个阶段，他们会重复地使用词语。比如，能干，他会说：宝宝吃了两碗饭，真能干；宝宝在扫地，真能干；妈妈在洗衣服，好能干哦。面对他这种把能干贯穿始终的用法，我们可以因势利导，反问他："宝宝吃了两碗饭，你觉得是能干呢？还是厉害呀？或者是真棒呀？"让他自己进行选择。慢慢地，孩子就会把语言从粗糙转变为精细，在我们为他设置下多种选择之后，他开始适应精准地去描述过程，久而久之，他的语言会变得精炼，也会运用得当。

　　如果，创造力就是让我们在思维的碰撞中产生新的且合乎逻辑的点子，那么，我们培养孩子的逻辑思维能力就是培养创造力的过程。只要我们肯付出耐心和细心，那么我们的孩子将来肯定会成为他想要成为的样子。

尊重孩子的选择，才能培养领导力

　　我们家长会不会有这种发现，在自己的孩子跟小朋友一起玩耍的时候，往往会出现一位"孩子王"，所有的孩子都听命于他，只要他发号施令，这些孩子就会领命而去，毫不推辞。这充分说明了一个问题，领导力绝非长大成人后在领导岗位上锻炼出来的，而是一种从儿时就具备的能力。所以也就验证了为什么古代的皇帝小小年纪就要开始进行学习，他们学的就是领导力，所以当他们登基以后，才能成竹在胸地指点江山。

　　如果有可能，我们每个人都想让孩子具备相应的领导力，不是期许他们将来在岗位上必须做一个领导，而是想让他们具有领导的才能，能让他们的职场生涯比较顺遂，在各种项目课题中能起到主导地位，仅此而已。

　　有的家长会说，我们家孩子看着就不像个领导，在班级里连个小组长都不是，遇到问题就往后缩，胆怯得很。其实，不见得在班级里当个干部就能完全地培养孩子的领导能力，如果换个角度，尊重孩子的选择，让他在家庭里承担一定的责任，对他的领导力也是一种发掘和培养。

　　关颖是一个初中女生，学习方面关颖的爸爸妈妈是无须太过操心的，她都完成得很好，可唯独在性格方面，关颖胆小、怯懦、畏畏缩缩，让关颖的爸妈很是头疼。于是，他们找到老师，想跟老师探讨一下如何帮助关颖改变一下这种性格。

　　老师给出的建议是，从现在开始，让关颖的父母在家中培养她的领导力，也就是让身边最亲近的人帮她树立自信心，让其有充分的探索心，并且树立成功的信念。只有她的领导力逐步形成，才会慢慢扭转她的性格，成为一个开朗、活泼、自信的女生。

　　关颖的爸妈回家后，开始有目的地训练关颖的沟通能力、协调能力、决策能力、指挥能力等，家里有个什么大事小情，爸妈都跟关颖商量，并且尊重她的意见，而与邻里亲属之间的交流，也都让关颖代为传达，甚至就连家里的装修问题，都让关颖共同参与，指挥工人干活的步骤也让她一一尝试。

实践出真知，关颖在爸妈的刻意的培养下，真的变
了，在学校也一改往日的沉闷，还被同学推举为学
习小组的组长。

想要培养孩子的领导力，父母除了要尊重鼓励孩子以
外，还要多带他参加课外活动，多去跟陌生人接触，只有接
触的人多了，他才会分辨不同的人需要用哪种对待的方法，
对他领导力的形成大有裨益。

还有一条对培养孩子的领导力至关重要，那就是对他控
制欲望能力与延迟满足能力的培养。现在家长对孩子基本上
是有求必应，并觉得这是在尽一个家长的本分，岂不知却是
在增强孩子的控制欲。孩子有的时候不见得是需要某种物质
上的东西，而是想要得到掌控家长的那种快感，所以，一旦
家长没有立即做到，孩子就会表现得很失望，严重者甚至会
出现歇斯底里的发泄。

作为家长，我们深知在社会上、职场中，没有人会在乎
我们的感受，也不会有人无条件地满足我们的要求，所以，
我们现在如此对待孩子，满足他的各种欲望，就等于是在给
他的未来设限，不利于孩子领导力的养成。

所以，从现在开始，控制孩子的欲望，就算是想满足
他，也给他以期待或相应的条件，让他明白不是凡事都是应

当如此。

培养孩子的领导力，除了以上几个方面，还有一个重中之重的问题，那就是尊重孩子的选择，允许他自己交友，有自己的社交圈，培养团队合作精神。但凡领导力强的人才，必定懂得协调众人，指挥众人，而不是一味地用强硬的手段去压制他人。

只要孩子做到以上几点，那么，在我们家长尊重孩子的基础上，他一定会成为一个对社会有用，对公司有绝对领导力的超强人才。

最该呵护的，是孩子的好奇心

　　著名心理学家伯莱因曾经对孩子的好奇心做了一项测试。他给出了许多有关无脊椎动物的问题来让孩子们回答，并且让孩子们在每个问题后面都标出自己的感兴趣程度。之后他把答案给了这些孩子，但是答案并不是一一对应的，需要孩子们自己寻找每个问题的正确答案。在这之后，他又向孩子们进行了提问，结果很明显，孩子们在回答自己感兴趣的问题时答得要更好一些。

　　这表明，好奇心会让孩子更有学习动力，他们对哪个问题感兴趣，就会去找哪个问题的答案。

　　家长其实对孩子的好奇心特别有发言权，哪个家长没经历过孩子没完没了的十万个为什么般的问话阶段？原本每日为了生活和工作已经疲惫不堪的我们，还要去回答孩子千奇百怪、异想天开的各种问题，不负责任的家长也许会搪塞过去，但是对认真的家长来说，又是上网搜索，又是翻书，回答完孩子的问题，简直比工作了一天还要累。

心理学家将好奇心定义为：个体对新异刺激的探究反应，对新鲜的事物和现象，人有着去了解和探索的本能。对于初涉这个世界的孩子来说，这个世界是那么陌生、新鲜和神秘，孩子的心中对陌生的世界充满了探索、求知的欲望，这宝贵的好奇心正是他智慧的火花，更是促使他学习的原动力。

所以，作为家长，我们不但要认真对待孩子的安全、生活，还要备加呵护孩子的好奇心，认真地加以对待，也许，我们会发现，原来孩子的小小脑袋里竟然充斥着大大的世界。

哥白尼是一位伟大的天文学家。他在上中学的时候，听说了一种神奇的仪器叫作"日晷"。这个仪器可以利用太阳的影子来知道大致时间，他对此很感兴趣，于是跑去问老师日晷的原理。懂得原理之后，他找了一些没有用的材料，经过多次试验，总算做成了原始的日晷。他用自己做的这个仪器，开始孜孜不倦地对太阳、地球的运动进行研究，并在长大后提出了"日心说"这一理论。

我国伟大的地质学家李四光小时候经常站在家乡的空地上发呆，因为他的故乡有很多巨大的形状怪异的石头。李四光好奇地询问别人："为什么我们家乡会有这么多石头？它们又是怎么来到这里的呢？"没有人能回答他这个问题，因为祖祖辈辈都在这巨石旁边生活，可从来没人好奇这些石头是怎么来的。

后来李四光开始到全国各地的山川河流考察调研，最终他研究得知这些怪石是冰川的浮砾，并且是第四纪冰川遗留下来的。这一结论推翻了外国学者说第四纪冰川没有在中国出现过的错误理论。

由此可见，孩子的好奇心有的时候会带来意想不到的成果。作为家长，我们千万不要把孩子的好奇心当作天方夜谭，或者天马行空的想象，因为孩子的世界单纯而澄澈，正因为这样，他才会把好奇心演变为想象力，继而迸发出大人所不具备的灵感，成就大人想都不敢想的成就。

也许有的家长会问，既然让我们呵护孩子的好奇心，那我们要从哪些方面系统地入手呢？这里有几个小方法可供家长们借鉴。

一、理解呵护孩子的好奇心

对于孩子的好奇心，好多家长就算是理解，时间久了也会觉得孩子不务正业，大多会让孩子把时间都用在学习上，这无形中就扼杀了孩子的好奇心。我们要试着去充分地理解他，问问他为什么这么想，具体都有些什么打算。从孩子的内心出发，向他的想法靠拢，这样有我们的把控，孩子会对他的好奇心产生专注而理智的情绪，对于他将来的发展百利而无一害。

二、不以成人的逻辑去约束孩子

不得不承认，孩子的有些想法确实可笑，在我们看来，纯粹是没用的，虽然我们家长内心是如此想的，但是为了孩子，我们还是要具体地跟他探讨为什么不可行，科学地帮他走出好奇心带来的误区，这才是作为一个合格的家长应该做的事情。

三、给孩子创造一个丰富多彩的学习环境

好奇心是孩子学习知识的一种动力，如果我们给孩子创造出一个丰富多彩的环境，将孩子的好奇心作为核心，将各个学科的知识融入其中，那么，孩子长大后一定是个知识丰富、对学习充满热情的人。

达尔文之所以能写出《物种起源》，就是因为达尔文从小就爱幻想，好奇心重，而他的父母非常爱护他的想象力和好奇心，这为达尔文完成这部巨著打下了坚实的基础。

达尔文从小就是个好奇宝宝，而他的妈妈更是

无比有耐心地去呵护他的好奇。有一天，达尔文和妈妈在院子里劳作，达尔文问妈妈："泥土里可以长出树木，长出花朵，那能不能长出小狗呢？"妈妈笑着说："泥土里长不出小狗，因为小狗是动物，而泥土里只能长出植物。"达尔文又问："那我是动物吗？因为你生的我呀？"妈妈和蔼地回答他："你不是动物，你是人类呀。"达尔文接着问："那人类是谁生的呀？"妈妈说："是神创造了人类。""那神是谁生的呢？"达尔文又问。妈妈答不上来了。她对达尔文说："这些问题妈妈回答不上来了，但是，我相信我的儿子一定会好好研究这些问题，等长大的时候讲给妈妈听。"

达尔文十岁时，有机会跟着老师和同学一起去威尔士的海岸去度假。在那里达尔文大开眼界，观察和采集了大量海生动物的标本，由此激发了他采集动植物标本的爱好和兴趣。

没有好奇心，没有想象力，就没有今天的"进化论"。而达尔文的母亲的成功之处就是爱护儿子的想象力和好奇心。

好奇是知识的萌芽，而父母就是呵护萌芽的园丁，只有在我们的精心培育下，孩子的好奇萌芽才会开出成果之花，所以，要重视孩子的好奇心，也许我们给他一份关注，他就会回馈我们一份惊喜。

聪明的孩子都有想象力

　　孩子只有插上想象的翅膀才能飞得更高，更远。想象力的重要性早已被大家认可。比如，因为想象力，爱迪生成功发明了灯泡。由此看来，培养孩子的想象力才是培养孩子创造未来世界的关键，而且，我们不能否认的是，越是聪明的孩子想象力越丰富。

　　有很多家长对于孩子夸张的想象力烦恼不已，比如，有的孩子会在看新闻时，突然问："妈妈，你说，航母如果再大一些，可不可以在上面盖楼房，我们都搬到上面去住，四海为家，还没人敢欺负我们，因为我们有航母。"大多数家长听到这种问题都是一声叹息，而且回答也都类似，那就是家长经常说的一句话："行不行，等长大你就知道了。"孩子们每当听到这种回答都会感到失落、沮丧，对这件事的想象力也就到此为止了。

　　在现代教育中，想象力的培养越来越重要。可我们都忽略了一点，我们花钱去送孩子弹钢琴、学英语，却在家扼杀了孩子超级宝贵的想象力。而我们的孩子长大后，可能没输在起跑线上，却输在了想象力匮乏上。

有的家长很会调动孩子的想象力。结果我们发现，正因为他们家孩子想象力很丰富，在上学的时候，语文和数学解题都要比我们的孩子厉害。所以说，保护好孩子的想象力，让他更加聪明，才是我们家长最应该做的。

　　大家都知道是瓦特改良了已有的蒸汽机，他是第一个拥有工业蒸汽机专利的人。

　　瓦特还是一个小孩子的时候，有一次，祖母在厨房做饭，他在一旁看着。有一壶水在炉灶上烧开了，他看了很久，好奇地问祖母："水壶上的盖子一直在跳动，这是为什么呢？"祖母很忙，不怎么想理他，就说："你这孩子总问这些无聊的问题，那不是灶上烧着火嘛，然后水热了就开了，这有什么可问的呢？"瓦特对这个答案很不满意，于是连着好几天都去厨房观察。后来，瓦特的爸爸发现这个孩子整日蹲守在厨房灶台边，于是问他："儿子，你究竟想知道什么，能不能告诉我呀？"瓦特说："我想知道，是水把壶盖顶起来的吗？"爸爸说："几百年来，大家都觉得是水顶起来的壶盖，可是，我也有点儿好奇，你要是真发现了什么，别忘了通知我好吗？"祖母很是生气，责怪爸爸不负责任，因为水和柴火都是要钱的，而且很贵。瓦特就那么不停地一壶一壶地烧水，这是一种浪费行为。爸爸却笑着说："妈妈，您不要责怪他，我们的家庭条件买不起玩具，就让他看看水壶里的水也是好的，我还真想知道他能看出什么门道。"

就这样，瓦特不停地观察，街坊邻居也都知道瓦特是个怪孩子，整天研究水壶。突然，有一天，瓦特发现水壶盖跳动的时候，水蒸气会从水壶里冒上来，只要蒸汽不停，壶盖就会一直跳。瓦特非常高兴，来来回回地盖上盖子又拿起来。他还将水杯、勺子放在水蒸气的上方，最终他明白了，是水蒸气让壶盖跳动起来的。

就这样，瓦特将他这个想象力一直带到了成年，直至他成功改良了已有的蒸汽机，造福了全世界的人民。

实际上，对于孩子而言，想象力是他与生俱来的一种本能，越是聪明的孩子想象力就越丰富，我们作为家长，一定要保护好孩子的想象力，让他成为一个聪明的孩子。

对于保护孩子的想象力，以下有三个步骤可供家长们借鉴。

一、对往昔的推断论

简单来说，我们要给孩子的头脑里灌输一种思维方式，比如说他想象到一件事情，处在迷茫阶段，那么，我们就要帮他往回推断，这件事为什么会这样呢？如果不这样，那应该是什么样子？在我们家长的引导下，让孩子的想象力和逻辑思维相结合，让他学会运用自己的想象力去思考。

二、对现在的设想

我们也可以帮助孩子展开设想模式，如果现在不这样，那么，它应该是什么样子呢？还有没有其他可能性？

三、对未来的畅想

询问孩子，如果他来参与，他眼中的这件事，在未来的走向是怎么样的？又会变成什么样子？我们甚至可以帮助孩子规划一下他的想象力，记在本子上，或者在电脑上做出分析，让孩子觉得受到了重视，告诉他，对于他的想象力，我们是尊重并且赞许而且配合的。

爱因斯坦曾说："想象力比知识更重要。"想象力是孩子们珍贵的财富，家长需要重视、保护他们的这种能力，让这一能力发挥最大的价值。

不要用大人的逻辑禁锢孩子

在某论坛上曾经出现了一个热帖：做孩子的，父母的哪些逻辑曾经禁锢或者伤害过你？结果跟帖发言者众多，看着这些孩子们近乎血泪般的控诉，我们家长才发现，原来我们的一些逻辑曾经对孩子的发展有过那么深的禁锢和伤害。

比如，你为什么跟小强打架？他怎么不打别人非得打你？一个巴掌拍不响，你也不是个老实的。

没有原因，没有理由，我说不行就不行，凭什么？就凭我是你爸爸，我生了你养了你，我就有权利管你。

我为什么偷看你日记？你都是我生的，我养的，这个家都是我的，哪有什么是你的？看看能怎么样？

你必须学英语，你不喜欢？你不喜欢的事多了，我喜欢就行。

凭什么我不能进你的房间？你为这个家挣过一分钱吗？生你养你，进你房间有什么不行？还值得你大呼小叫？再喊信不信我打你？

……

这些话，我们这些当家长的是不是曾经对孩子说过？就算是没说，是不是在心里真的这么想过？我们的出发点确实是为了孩子好，可是我们过于强调自己的权威性和在家里的霸主地位，浑然忘却了孩子也是我们家庭的一分子。他是一个个体，并不是我们的附属，也不是我们的玩具。我们用大人的逻辑去禁锢他，虽然能换来他表面的听话，但是内里，是不是会扼杀掉孩子的许多天性与热情？

曾经，在美国有一个小女孩，她非常善良、热心。一天，她的妈妈让她去把家里的旧鞋子扔掉。女孩蹲在地上，细心地把鞋子擦上了鞋油，爸爸见了很生气，大声责骂她："你是不是觉得我赚钱非常容易，打算丢掉的东西你居然还擦鞋油，鞋油是免费的吗？"妈妈见小女孩在哭，于是上前安慰她，并且小声地问她："你把旧鞋子擦鞋油，到底是为什么呢？"小女孩说："这双鞋子我看还能穿，我想把它擦亮一些，那些捡垃圾的人看见了，就不会嫌弃它，还能再拿去穿穿。"

妈妈摸了摸小女孩的头，继续问："可是爸爸说了你，你现在打算怎么做呢？"小女孩说："以后只要是打算扔掉的东西，我才不管了，统统随便扔出去，再也不好心了，省得挨骂。"妈妈笑着说："来，咱们现在继续把鞋子擦亮。你不可以有那种想法，你是善良的，爸爸也没有恶意，只不过他用的是成年人的逻辑。你如果从此以后不再这么善良，那么，岂不是爸爸害了你？我们不能因为别人的想法就否定了自己的善良，你说对吗？"小姑娘点了点头，跟妈妈继续擦鞋，然后把鞋小心翼翼地放在了垃圾箱的旁边。

母女两个隔着窗玻璃，看着捡垃圾的人认真地把鞋抱起来，搂在怀里，精心地保管着离去，母女两人都会心一笑。

看到这里，我们不禁要为母亲鼓掌，要不是她的正确引导，小女孩很可能就因为爸爸的一句话，而禁锢了自己善良的天性。

家长破坏性的批评和暴力性的逻辑，看似无伤大雅，但很可能会成为孩子消极的自我暗示，让孩子长期处于羞愧、自卑等情绪中。久而久之，不但禁锢了孩子的天性，甚至会扭曲孩子的人格。所以，为人父母，我们应该跳出自己的固有模式，用孩子的视角去跟他们展开一场真正的心灵对话，用洞悉和理解去取代我们自认为严丝合缝的逻辑。

在20世纪70年代美国加州的萨德尔小镇上，那里能提供的工作很少，少到大多数的年轻人只能赋闲在家，无所事事。

一个叫弗兰克的少年因为家境贫寒，他急需一份工作来贴补家用，可萨德尔镇实在是太小了，着实没有工作适合他，没有办法，弗兰克只好含泪挥别家人，只身来到了繁华的大都市芝加哥。

这个小镇少年刚刚踏上芝加哥的土地，就被一个女孩手中拿着的雪糕所吸引。在那个年代，雪糕可是个稀罕物，因为储存不方便，小镇上根本就没有人卖雪糕。弗兰克当时咽着口水发誓，等自己挣了大钱，一定要买很多的雪糕，拿回家给自己患病的家人尝尝。

因为没有念过多少书，弗兰克选择了在大街上擦皮鞋的职业。夏天酷暑难当，擦鞋的客人往往擦着额头上的汗，递给弗兰克钱，要他赶紧去给自己买个雪糕解暑。时间一长，弗兰克就冒出了一个想法，既然这么多人都要自己去买雪糕，那自己开一家小店卖雪糕，还有相对稳定的客源，不是一样可以赚到钱？

弗兰克的爸爸嘲笑他说："你个擦鞋的还想卖雪糕？那可是大生意，你那几个钱，想都不要想，连个冷冻柜都买不起，我们家祖祖辈辈都不是做生意的料，你趁早死了这份心。"

弗兰克听了爸爸的话，一蹶不振，可是他没想到祖母却寄给他一笔钱，并且告诉他："别看祖母老了，可是我爱吃雪糕。既然祖母都爱吃，那么我想别人也会爱吃，不用听你爸爸的话。"于是，弗兰克租下了一个临街的小房子，一边擦鞋，一边卖雪糕。因为资金不太宽裕，他就每次上很少的货，卖完了再去上货。周而复始，他发现，卖雪糕居然是一个很赚钱的生意。在他的精心打理下，没过多久，他的第二家雪糕店开业了，而他从此也不用再去给别人擦鞋，还将小镇的父母接过来帮忙打理店铺，生意越做越大。

要不是祖母的支持，父亲的一番成年人的逻辑，就会把这个因为卖雪糕而成了百万富翁的孩子禁锢在擦鞋匠的职业里。

　　所以，不要用成年人的逻辑去对待自己的孩子，孩子有他自己的世界，我们作为家长只需要引导，关怀，就是对孩子最大的理解和尊重。

鼓励孩子去尝试，才有更多可能性

家长有的时候面对孩子的心情十分矛盾，既希望他能尝试新生事物，去了解一切的未知，又担心他为此受伤，为此沮丧。种种担忧让我们逐渐退化成了抱窝的母鸡，恨不能把孩子紧紧搂在怀里，生怕他受到一点儿伤害，遭受到一丝丝委屈。

然而，在我们的羽翼下呵护长大的孩子，一旦面对挫折，因抗压能力不够强大，就又成了我们担心的焦点。作为父母我们到底该怎么做，这恐怕是所有父母都为之迷茫的一个话题。

其实仔细想想，鼓励孩子多去尝试，要比我们终日细心守护强得多。如果什么都不敢让孩子去尝试，那么他到底有什么优劣势我们就会一无所知，对他的了解就只局限于表面。所以，鼓励孩子多尝试，不但是给孩子机会，也是给我们家长一个了解孩子的过程。

沃斯低着头，站在课桌旁，眼里含着泪花。老师生气地说："沃斯，你到底要我说几遍，你才能记住这么简单的乘法口诀？明天让你的父亲来一趟学校，我必须得跟他谈谈。"沃斯的眼泪掉在了课桌上，同学们都捂着嘴偷偷地笑。

沃斯的父亲去了学校，沃斯吓得晚饭都没敢吃，躲在书房里，不一会儿，他听见了开门的声响，以及父亲说话的声音。

"安妮，钱对我来讲不过就是个数字，我之所以高薪聘请你来做沃斯的家庭教师，就是希望你能把他的成绩提高上去，别总让我去见老师。作为一家跨国大公司的董事长，我的工作特别忙，可能也是因为这样，我没时间辅导他学习，他也是太笨，才会在学业上一塌糊涂。唉，我对他实在是失望至极。"

听着父亲的叹息，沃斯的眼泪再次滑落。书房的门开了，沃斯急忙把书高高地举起，仿佛自己一直在认真地学习。

家庭教师安妮走过来，摸了摸沃斯的头，又摆弄了一下书桌上沃斯最喜欢的一排飞机模型。沃斯感受到了安妮手上的温度，下意识地缩了一下脖子。

安妮温和地说："沃斯，跟我聊聊天好吗？"沃斯惊惧地看着安妮，用力摇了摇头。

安妮纳闷地问："为什么？"沃斯小声说："因为我很笨，同学们都不愿意跟我玩，都嘲笑我。"

安妮拿起一个飞机模型："这些模型你是拼的吗？"沃斯点了点头。安妮细心地打量着那些模型，没说什么。

从此以后，沃斯在家庭教师安妮的辅导下，功课比以前略有进步，可还是达不到优秀的标准。他越来越沮丧，同学们也笑话他："沃斯家是有钱人，他还有家庭教师，可他学得还没有我们好，我要是他，都没脸来上学。"面对同学的议论，沃斯脸红得像是秋天成熟的苹果。

有一天，沃斯说："安妮老师，我不想去上学了。"安妮老师微笑着看着沃斯："为什么呢？"沃斯说："我实在是太笨了，我觉得我就是再努力，也不会像爸爸那么优秀，我可能天生就是个很笨的人。"

安妮老师拉着沃斯往门外走："走吧，今天我们不学习，老师带你去一个地方。"

　　安妮老师带着沃斯去了模拟飞行游乐场，这里有好多的模拟飞机。沃斯在教练的指点下，很快就能够自如地操控模拟飞机进行飞行，教练欣喜地感叹："天哪，你是多么聪明的孩子啊，我教过那么多孩子，第一次有人可以这么快就熟练地掌握基本的飞行知识，你可真棒。"

　　沃斯的脸庞因为兴奋而涨红了。

　　回家的路上，沃斯小心翼翼地问安妮老师："您说，为什么我平时笨笨的，可是，学飞行却可以学得那么快呢？"安妮老师摸着沃斯的头说："老师在你眼里学习很好吧？可是我却不会做手工，每次都做得七扭八歪，可我并没有沮丧啊，因为我们每个人都有擅长和不擅长的，只要我们勇于尝试，即使我们比不过别人，可我们战胜了自己。就好比你，虽然学习方面稍微差一点点，但是你有过人的飞行天赋，所以，只要你有信心，我相信，以后你的学习成绩会越来越好的，加油。"

　　沃斯得到了鼓励，也由此增长了信心，果然，从此以后，沃斯成了一个自信阳光的少年，若干年后，沃斯成了最优秀的飞行员。

其实，让孩子勇于尝试新生事物的方式方法都非常简单，比如说，按照孩子的发展水平去要求他，我们要多观察，看他对什么最感兴趣，然后让他去尝试，也许我们就会发现他有另外一种可能。

学会鼓励孩子，对他的尝试进行肯定，哪怕他失败了，只要他勇于尝试，他就是好样的，就值得我们对他进行表扬。

给孩子一个观察适应的时间，我们作为家长不能心急，不能觉得我都为你铺好了路，为什么你还不按部就班地进行尝试，那我的付出不是全白费了？我们的心急势必会影响孩子的内心，他会焦躁不安，甚至会对即将尝试的事物产生抵触情绪。一旦孩子出现了这种负面情绪，那么就算是再好的机会，对他来讲，都如同一种刑罚，反而会让他早早放弃。

我们不要害怕孩子在尝试中出现问题，要帮助孩子学会解决问题。孩子的人生道路还很漫长，他不经过尝试永远不会成长，所以，我们要趁着他还年幼，赶紧放手，鼓励他进行多种尝试，让他接触新生事物，给孩子创造无数个可能的机会。

第三章

如何与孩子进行有效沟通

与孩子沟通交流时，不要吝啬夸赞和鼓励，也不要随意批评和否定，多听一听孩子的想法。

别怕他们骄傲，夸赞你的孩子吧

　　我们中国人的情绪大多是内敛的，我们推崇喜怒不形于色，觉得这是成熟沉稳的表现，正因为我们习惯了控制我们的喜怒哀乐，所以，我们很少能做到对孩子卖力地夸奖。他做得对了，我们会觉得欣慰，作为褒奖，也会带他去旅游，去吃好吃的，但是很少有家长会诚恳地对着孩子说："你怎么这么棒？你知道吗，你是我的骄傲。"

　　也有的家长心存顾虑，觉得孩子还小，没有分辨是非的能力，夸多了会骄傲，还没等做出什么成绩，就已经志得意满，这不利于他的成长。但是换位思考一下，如果我们在生活和工作中，有人时常对我们进行夸赞，我们是不是也会觉得心情愉悦，精神饱满，做什么都充满了干劲儿，想在原有基础上做得更好呢？因为有人会看到，有人会在意。

　　其实孩子也是如此，我们夸赞孩子，他得到的不仅仅是夸奖，他还会觉得被人关注，被人在意，甚至他会想做得更好，以求博得更多的夸赞。所以，多去夸赞孩子，好孩子是夸出来的。

曹操特别喜欢的一个儿子叫作曹冲，别看曹操为一代枭雄，但是对儿子他素来赏罚分明。孩子有做对的地方，曹操夸赞起来，从来都不遗余力，所以他的儿子各个都很优秀，尤其曹冲，得到曹操的夸奖最多，也最聪明。

有人送了一只雏鸡给曹操。有一天，曹操心血来潮，想欣赏雏鸡舞蹈，但是曹操派人用尽各种办法，雏鸡就是懒洋洋地趴在那里，怎么挑逗都不肯起身跳舞。曹操找来曹冲说："吾儿素来聪明伶俐，既然别人都束手无策，我想你一定有办法，你能不能给为父出个主意，让这雏鸡跳舞呢？"当时很多人都聚集在这里，看到曹操这么夸曹冲，都有些不以为然，觉得就算是把这孩子夸出花来，他又能想出什么办法呢？

曹冲沉思了一会儿，突然提出让人抬一面大镜子来，摆在雏鸡面前。众人不解，甚至有人还发出讪笑，只有曹操胸有成竹，他直言道："我相信我的儿子，以他的聪明才智，他说行的事情你们照办就是了。"

镜子抬来后，那只雉鸡懒洋洋地看了一眼镜子，突然惊呆了，快步走到镜子跟前，雉鸡从来没见过镜子，它误以为又来了一只雉鸡，于是，雉鸡摆出各种姿势，可镜子里的它同样也摆出各种姿势，雉鸡以为自己遭到了挑衅，大为恼火，对着镜子翩翩起舞。曹操终于看见了想看的，哈哈大笑，一个劲夸曹冲厉害。

当然，夸赞孩子也是需要技巧和方式方法的，找对方法，才能让孩子在夸赞声中变得越来越好。有一些家长夸孩子有个弊病，那就是动不动就说，我的孩子天生就这么聪明，从小就会弹琴，或者是我的孩子绝对有天赋，那些数学题我都不会，他居然看一眼就会做。斯坦福大学心理学教授卡罗尔·德韦克很严肃地在他的专著里提到过，赞美孩子的天赋而非他的努力，会慢性地扼杀他的成长型思维！

就如同我们所说，孩子的分辨能力很弱，如果我们家长一味地从天赋、基因等方面夸赞孩子，久而久之，孩子会真的以为自己天赋异禀，而不肯再去用功努力。那么，我们的夸赞就形同于捧杀，反而会影响孩子的进步。

德韦克总结出了夸奖孩子的十个金句，他觉得，家长们只要从这十个方面入手，孩子一定会在夸赞中摆脱骄傲，取得成功。

1. 你很努力，真棒。要让孩子知道只要自己努力，不管结果如何都会得到夸奖。

2. 我知道这对你来说很难，可你没放弃，你让我骄傲。让孩子知道，坚持也会得到夸奖。

3. 你做事的态度真棒，非常积极。让孩子懂得只要他有积极的态度，那么他就是好样的。

4. 你能关注到细节，就说明你真的在进步啊。让孩子懂得他的细心同样值得表扬。

5. 你居然学会了举一反三，这个就连妈妈都没想到，你真厉害啊。让孩子明白，只要他勤于思考，他就是最棒的。

6. 你跟小朋友在一起玩得开心，妈妈看着就开心。这是表扬孩子的团队精神，久而久之，他会和谐地跟朋友相处。

7. 虽然你做错了事，可你能主动承认错误，让妈妈很感动。这是在提醒孩子要勇于承认错误，肩负起责任。

8. 面对困难，你能一点儿都不怕，这点爸爸都做不到哦。鼓励孩子要有面对困难的勇气。

9. 天哪，你居然会整理房间了？怎么比妈妈整理得还要好。那你可不可以抽空把妈妈的房间也整理一下呀？这是要孩子养成做家务的习惯。

10. 我相信你做的任何事，因为每次你答应我的事都会做得很好。这是表扬孩子要诚实守信。

　　夸奖是对孩子的认可，它让孩子更自信，能帮孩子树立一个积极上进的自我形象，从而让孩子更勇敢地面对挑战，不怕失败，为自己树立更高的目标。恰当的夸奖能够呵护孩子珍贵的内在动力。

在外人面前谴责孩子，是最大的错误

有一些父母对待孩子的做法让人瞠目结舌，他们习惯站在高处去俯视孩子，一旦发现孩子犯了错，责罚他们的方式就是在人多的地方对他们进行谴责。孩子在外人面前犯了错误，适当地给予批评是无可厚非的，但是，如果形成习惯，每次教训谴责孩子都在外人面前，虽然会给外人一种我们教子有方的感觉，但是站在孩子的角度上看，他的面子，他的尊严，却统统丧失掉了。

懂得欣赏他人的人往往更为优秀，所以，在外人面前谴责自己的孩子，将他说得一无是处，看似是谦虚，是训诫，实则也是从另一个方向向外人论证，是我们不行，是我们无能，才教育出这种孩子。

所以，我们在孩子的批评教育上，一定要找准脉搏和时机，不能一味地采取强权和高压，更不要在外人面前谴责孩子，给孩子留有属于他的一份尊重。

诺贝尔奖获得者约翰·麦克劳德有一项超级伟大的成就，他与弗雷德里克·班廷等人发现了胰岛素，为全世界的糖尿病患者送去了福音。然而，他在儿时却是个顽皮的孩子，如果不是遇到可亲可敬的校长，对他采用了与众不同的批评方式，那么，他的人生之路恐怕就要改写。

在约翰·麦克劳德上小学的时候，有一天，他突发好奇想要知道狗的内脏是什么样的。于是他和同学合力偷杀了一条狗，然后将狗的内脏一个个割下来观察。不得不说这非常残忍，更让人没想到的是，那是校长的狗。如果校长将这件事公布出来，约翰·麦克劳德将会受到人们的谴责。然而校长知道后并没有这么做，他虽然愤怒，但是却只是罚他将狗的骨骼图和血液循环图画出来。校长的这一暖心举动也成就了后来的约翰·麦克劳德。而这两幅画后来也被保存在了英国亚皮丹名人博物馆中。

校长的特殊惩罚让约翰·麦克劳德明白自己犯了错，而校长的宽容保护了他的好奇心，让他得到了正确的引导。校长在这件事上原谅了他，更多的是看到了他对未知事物的好奇心。

有些家长可能会有不同的意见，觉得孩子哪里有那么脆弱，我们小的时候别说谴责，甚至有的父母还会使用暴力，我们不是一样健康成长，孝顺父母，爱护家人，也没见谁走错了路，受到了什么伤害。

我们不能否认的是，今时不同往日，现在的孩子比起我们小的时候，他们往往更早熟，心智发育也比较健全，而且现在的孩子都很聪明，他们见多识广，懂得多，也视自己为一个个体，讲究个性的发展。

作为家长如果不能审时度势，还用老眼光、老方法去对待孩子，那是非常不可取的。如果作为父母经常在外人面前谴责孩子，会给孩子造成心理层面的伤害。

孩子常常会否定自己，觉得自己是个没用的人，什么都做不好，索性就放弃了。这就是经常被谴责所造成的自我认同的崩溃。

有时孩子也会在心里有疑问，为什么自己看到的自己，会和他人评价的自己不一样，这就会让孩子产生自我冲突。他的内心会非常矛盾，继而产生自卑心理，这对孩子的人格、性格的发展都是非常不利的。

孩子在成长过程中必须接受正能量，减少负能量，这样孩子才会健康，家长才会高兴。这个世界的未来是属于孩子们的，不是家长的，这一点请千万记住。

不用随意的态度批评孩子

家长批评孩子是一种正常的管教方式，所有正确的批评方式都是以改掉孩子的不良习惯为目的。可是，让许多家长为难的是，现在的孩子内心都比较成熟敏感，如何做到既能批评孩子，还能让他诚恳地接受，而又不戳伤他的自尊心，这是每个家长都在思考的问题。

其实孩子都是聪明的，父母对他的爱他是能够感受得到的，所以，我们只要用爱作为基础，善意地批评他的错误，孩子大多都能够接受。最怕的是我们用随意的态度去批评孩子，这样虽然我们是漫不经心，觉得自己只是顺口一说，可是给孩子造成的心灵上的伤害却是无法估量的，严重者甚至会影响孩子的人生轨迹。

陶行知先生是我国著名的教育学家，他就说过：教育孩子的全部秘密在于相信孩子和解放孩子。而相信孩子，解放孩子，首先就要学会夸奖孩子，而不是用随意的态度批评孩子。

著名学者、作家周国平在处理跟孩子有关的问题上，就有着自己独到的见解，而且还大获成功。

周国平有个女儿小名叫啾啾，在她上二年级时，有一次数学小考得了88分，她非常难过，但并不是因为分数，而是因为老师给她判错了一道题。啾啾心里很不高兴，又不愿意和老师说，天天纠结这个问题，总是问爸爸："老师为什么要判错，我明明都对了，要是她不判错，我就会得90分了，我怎么这么倒霉。"面对孩子整日的喋喋不休，周国平就说："老师虽然判错了，但是你自己知道这道题怎么做，说明你是会的，这样的话分数低两分也没关系的。你天天纠结这个问题，影响自己的情绪，这就是典型的用别人的错误惩罚自己，你仔细想想，是不是这么回事？"啾啾听爸爸这么说，果然觉得豁然开朗，从此不再陷进这种不安的情绪难以自拔，而是开始把时间都用在学业上。

随着年龄渐长，啾啾上了高中，学习压力变大，分数也相对来讲比较重要，啾啾对分数看得更重了。她每次考试考不好，都会很不高兴，郁郁寡欢，还会担心自己为此被骂。周国平看了她考试出错的卷子，确实内心非常生气，因为啾啾根本不是不会，而是错在马虎大意上。以前周国平就为了她马虎的事没少教育她，可是啾啾就是不改。如果换了别的家长，也许会随意地批评孩子，会说："告诉你八百回了，你也不改，还生闷气，我看你是活该。"而在这种情况下，周国平从两个方面开导了啾啾。

一方面，他会帮女儿分析为什么出错，如果是粗心下次就注意一些，如果是不懂，就下功夫学会；另一方面，他会安慰女儿，让她知道没有上过补习班的她，有这个成绩已经非常棒了。

有一回，是很正规的模拟考，啾啾胸有成竹地表示，自己肯定会考进前三，如果考不进，愿意接受各种批评。结果，成绩出来了，啾啾考得并不理想。周国平告诉妻子，孩子已经尽力了，就千万不要随意提起这件事，也不要去批评她。后来啾啾问他："爸爸这次我没能考到前三，您想怎么惩罚我啊？"没想到周国平却说："那就罚你这周的童话书再多看一本吧。"要知道那可是高考最紧张的备战阶段，各种童话书简直被家长视为洪水猛兽，可周国平却把看课外书当作一种批评和惩罚。在周国平巧妙批评的帮助下，啾啾最终考上了理想的大学，毕业后，成了自己想要成为的职场精英。

批评孩子确实分很多种，但是善意的批评几乎都是人性化的，都会基于对孩子的理解，而随意的批评可以分成若干个门类，但都会让孩子的心情、心态受到极大的摧残。现在就家长喜欢随意批评孩子的几个方面入手并整理，以此提醒家长，一定要避免此类随意批评的事情发生。

一、标签式随意批评

孩子在学校跟人发生了口角，家长只要一听见，就立即对孩子展开标签式的轰炸，比如，我看你就是手欠，他怎么不打别人？不打我，专门打你？还是你不老实，总惹祸，以后给我老实点儿。其实小孩子吵架有很多种原因，最恰当的做法是先询问孩子到底发生了什么事，而不是直接张嘴就随意批评孩子。

二、随机歇斯底里式的批评

成年人的世界确实很累，但是无论如何都不能把孩子的错误当作家长的发泄渠道。比如，孩子不爱写作业，总是一边写一边偷偷地玩，如果正赶上家长为了工作的事情郁闷，很有可能出现随机的爆发，而孩子就成了出气筒。这种做法非常不可取，第一是会吓到孩子，第二是会让孩子对我们警觉，他会变得胆小，整日观察我们的表情，使得他长大了以后缺乏大的格局，而变得什么事都小心翼翼。

日本有个儿童教育学家做过一项研究，结果表明，常常被家长夸赞的孩子比常受家长随意批评的成才率高五倍。所以，为了孩子的未来，家长一定要管理好自己的脾气，学会有的放矢地批评孩子，而不是随意随机地用孩子来做出气筒。

谁都不喜欢被唠叨，孩子也一样

所谓爱一个人就会在意他的一切，事无巨细都想帮他打理得妥妥帖帖。而这世上，再也没有比父爱母爱更深沉的爱了，所以，家长面对孩子的时候，不管孩子多大了，都想把他关怀到骨子里，总觉得他还是个宝宝，而这种关怀的最明显表现，就是唠叨。

比如，你早上要喝牛奶，牛奶有钙质，能帮你稳固骨骼；哎，你那房间就不能收拾收拾，我小的时候被子都自己叠，你可好，像是我养的大爷；哎，你穿这衣服是什么时候买的，谁让你穿得这么花里胡哨的；口袋里还有没有零用钱，什么？没了，你怎么一个星期就花了这么多，你到底买了什么？……这可能是一个母亲一大早对孩子的关怀，每字每句都散发着浓浓的对孩子的关爱，可是对于孩子来讲，他却会觉得家长过于唠叨，过于操心。

其实换位思考，我们如果遇到唠叨的同事或者上司，哪怕对方是为了我们好，每天耳提面命地在我们耳畔唠叨，我们也会心生厌烦，恨不能把耳朵塞上。情同此理，既然我们都受不了的事，为什么反过来强加到孩子身上，就觉得天经地义，他就必须得听呢？

心理学上有一种专门对唠叨的注解，被称作"超限效应"，指的是受到过多的刺激，或是过于强烈的刺激，或者时间过于长的刺激，就会让人觉得不耐烦。其实，对待孩子，有很多种办法，远远比唠叨管用。

著名儿童教育家孙晓云也曾经在教育女儿的问题上，遭遇唠叨被嫌弃的困扰，可她毕竟是儿童教育方面的专家，于是很快找到了应对的方法。

孙晓云的女儿上小学的时候特别爱睡懒觉。每天早上孙晓云喊女儿起床上学都会成为一天的重头戏，不管怎么催，她都会嫌弃孙晓云唠叨，可孙晓云要是催得慢了，真来不及了，她又会埋怨孙晓云喊得不及时。母女俩经常为这个问题闹个半红脸。

见孩子嫌弃自己唠叨，于是孙晓云买了闹钟给女儿，并且和她说："你嫌弃妈妈唠叨，那么，从今天开始，我不会再为你起床的事情说一个字，你用闹钟解决。如果你迟到了，你也不能再责怪我，因为是你的问题。"

刚开始的时候，孩子哪里会被闹钟支配？听见闹钟响了，她伸手按停，继续睡。结果再睁开眼睛，上午的课都上完了，就这样，母亲也不说什么，她自己也没话好说。孩子见母亲真的不再管自己，自己又不占理，没办法，只好另辟蹊径，买了两个闹钟回来约束自己，这回管用了，再也没有迟到过。

孙晓云在跟其他孩子的妈妈聊天的时候，曾经听说过这样一个故事：有一对母女，女儿要去夏令营。因为不放心，这位妈妈反复叮咛孩子，那边晚上会冷，衣服一定要带够，驱蚊花露水要带好，感冒药也拿上，还有切记不要喝生水，万一水土不服会很麻烦，睡袋要不要拿上？也许那边有跳蚤，千万要跟着老师走，别迷路……反反复复，女儿终于忍无可忍爆发了，指责妈妈说："你唠叨不唠叨啊？你要总是这样，那我以后就考很远很远的大学，离开你不回来，省得听你没完没了。"妈妈听女儿这么说，觉得自己虽然是对女儿很关心，但还是唠叨得太过了。于是，她选择了闭嘴，而且有条不紊地列了一张清单，把女儿需要的东西写在上面，让女儿选择。可是女儿并没有把这张单子放在眼里，也并没有按照单子上提供的东西去购买。

半个月以后，孩子回来了，默默地找到那张清单看着，嘴里小声嘀咕着："我还不如按照这上面写的准备东西，山里又冷，又没有手电，充电宝也不够，睡袋没有带，睡也睡不好。"妈妈问她："那你以后出门知道该怎么做了吗？"孩子回答："我知道了，我就听妈妈的吩咐，但你也别太唠叨，写下来就好，这样对咱们俩都好，你说对吗？妈妈。"

如果家长想要关心孩子，又想不唠叨，不妨就建立规则制度，要明白，越是唠叨，反而越不容易引起孩子的重视。再者就是坚持自己的原则，一定要保证说到做到，让孩子知道我们家长的底线，这样他也就不会轻易冒犯，只能规范自己的行为。还有最重要的一点是给孩子多点信任，相信他已经长大，已经自立，放手让他自己去尝试，相信他一定行。

跟孩子换位思考，是最大的善良

我们总是告诫自己，不要以小人之心度君子之腹。那么在对待孩子的时候，作为家长的我们，也应该不以家长之心度孩子之腹。虽然对家长而言，自己有太多安身立命的生活经验，也想用自己的经验去约束孩子，让孩子少走一些自己曾经走过的弯路，让孩子的生活更加顺遂。

可这些都是家长们一厢情愿的想法，对孩子而言，以他们不服输的单纯性格，会更想尝试一下父母的禁忌。在孩子们的内心中，他们觉得可以掌控自己的生活，而不是被人像傀儡一样牵扯着。正因为父母和孩子的思想相悖，所以矛盾也就产生了，虽然不至于造成什么惊天的恶果，但是家庭不和睦对孩子来讲，是一个很不好的成长环境。所以，想要规避这种风险，经验丰富的家长们不妨做出让步，尝试着跟孩子换位思考，用孩子的心灵去看这世界，兴许会有别样的收获。

美国作家马克·吐温对待孩子有一种特别的方式，那就是立一条家规，而这条家规看似冷漠，实际上却是跟孩子换位思考后得出的结果。

家规是这样的：如果犯了错就要受到一定的惩罚，但是惩罚要由自己提出，母亲只要同意了就可以执行。孩子们也都对这条家规非常感兴趣，甚至有的孩子惩罚自己的方式是吃三个冰激凌，当然，母亲也是同意的，孩子们为此沾沾自喜，觉得自己掌握了主动权。

在一个风和日丽的日子，马克·吐温夫妻两人想要带孩子们去临近的农场郊游，孩子们非常开心。可是，在快要出发的时候，大女儿苏茜为了一条裙子将妹妹克拉推到了。

苏茜到底是姐姐，看着痛哭的妹妹马上认识到了自己的错误。于是苏茜马上向母亲认错，主动接受惩罚。由于太过懊悔，苏茜对母亲说，她今天不坐干草车去郊游了。

马克·吐温很不忍心，虽然他是站在孩子的角度上设置了这条家规，可他没想到，这种换位思考的办法不但可行，还让孩子们学会了勇于承担后

果，这跟从前那个重压之下的孩子相比简直是判若

两人。

　　父母学会站在孩子的角度思考并与他们交流，让孩子自己做出选择和决定，这样，孩子更容易接受父母的建议，沟通也更容易。

　　心理学上有一种叫作投射效应的现象，指的是人们经常会在无意识时把自己心理上的特征转接到别人身上，觉得别人和自己一样也有这种特征，所以我们经常会以自己的心态去理解孩子。投射效应提醒我们，父母和孩子对很多事情的看法和感受可能截然不同。

　　《自由论》中也曾经提到过：只知己而不知彼者，对己亦知甚少。如果我们站在孩子的立场上思考问题，从而与对方在情感上做到一定程度的沟通，就能够增进相互间的交流与沟通。换位思考既是一种理解，也是一种关爱。在日常的生活与工作中，跟孩子能友善地交流是非常重要的一件事。

　　心理学上有个名词，叫同理心，也就是说能设身处地地为他人着想，能够理解他人，体会他人的感受，并且能适当地对其需求作出回应。具有同理心的人往往能从细微处体察到孩子的需要。同理心用我们通常的话来说也就是换位思考。

别急着站在孩子的对立面

当孩子长大到能跟我们互相沟通的时候，家长们还没开始窃喜，就会发现一个重大的问题，那就是孩子有了心事，宁可说给朋友听，也不想跟家长倾诉。究其原因，因为家长总是站在孩子的对立面，家长试图解决问题的思想基础与孩子符合规律的发展意图存在矛盾。所以，作为家长，我们不要总去抱怨孩子不跟我们沟通，而要扪心自问，当孩子遇到困难需要我们帮助的时候，我们是以一个朋友的身份为他提出建议，还是以家长的身份，站在孩子的对立面，去指责他的不是。

《奇葩说》有一集的论点就特别戳心，那就是如果你在外面不开心，会不会跟你的父母去讲。有一位网友参与了讨论，他说了一句话，让很多孩子潸然泪下，他说的是：我不会跟父母去讲，他们会埋怨我没本事，让他们没面子，所以再苦我也不会说，因为我看不到亲情，看不到回家的路。

实际上，这些孩子有的时候真的是误解了父母，父母对待孩子有很多种方式，包括站在孩子的对立面，去数落他，打击他，但是父母的心里却比谁都疼惜自己的孩子。虽然父母用心良苦，可是却给孩子的内心留下了难以磨灭的阴影，他会觉得父母根本就不爱他。所以，如果真的爱孩子，千万别急着站在孩子的对立面，父母要做他的朋友，而不是成为他最亲的敌人。

　　在美国有这样一对长跑父子健将，在三十多年的时间里，两个人跑了将近四千公里，参加了二百多次奥运会标准的铁人三项比赛，获得奖牌无数，美国人称他们父子为美国之光。为什么平平常常的一对父子，只是善于跑步，就能得到所有美国人的敬佩？这还要从儿子瑞克的出生开始说起。

　　瑞克出生的时候因为脐带绕颈导致脑瘫，医生告诉孩子的父母，瑞克将永远坐在轮椅上，过完他的一生。所有亲人朋友都劝他们放弃这个孩子，可他们却不想放弃。后来他们发现瑞克的眼睛跟随他们的移动而动，于是在瑞克十一岁时他们带他去了特夫斯大学的工程系，经测验瑞克的脑部是有活动的，最后，工程系为他安装了一台能用头侧部使用的电脑，从此瑞克开始与外界有了交流。

瑞克上学后，因为同学摔伤，学校组织大家参加越野跑，为这个同学捐款，瑞克看着爸爸，眼睛里充满了渴望，爸爸知道他想参加，可所有人都嗤之以鼻。怎么可能，坐轮椅的要参加越野跑？可这时候，爸爸还是站在瑞克的一方，他觉得自己的儿子能行。

瑞克坐在轮椅上确实没办法跑步，可是爸爸能跑。于是，爸爸把自己苦练成了长跑选手，每次跑步都推着儿子的轮椅健步如飞，瑞克感受到了运动的快感，第一次乐得笑出了声。爸爸受到了鼓励，在中年时又学习了皮划艇，勇敢地推着儿子练起了铁人三项，并且赢得了金牌。

父子俩的事迹感染了所有美国人，每逢有赛事，赛场上总能看到父子俩的粉丝啦啦队，瑞克在运动中锻炼了大脑，他开始能够与人交流，并且摇着轮椅打破了许多项美国长跑纪录，父子俩也因此成了名人。记者采访瑞克，问他这辈子觉得最庆幸的事是什么。瑞克说："我庆幸我有一个始终站在我身后的爸爸，我知道天塌下来都不要怕，因为我爸爸是爱我的。如果现在能让我许下一个愿望，并且能够实现，我想告诉爸爸，如果我真的可以站起来，我要推着你，让你不用那么累。"父子两个相拥而泣，这泪水里没有悲伤，有的只是爱和感动。

教育家蒙台梭利认为，每一种性格缺陷，都是由儿童早期经受的某种错误对待造成的。

教育学家拿破仑·希尔也认为，每一个孩子身上都会有很多优点，但父母往往只会看到缺点，并且觉得只有改正了孩子的缺点，才能让孩子成长得更好。其实这就同能力不足的工匠一样，是不可能做得出完美瓷器的。

作为家长，我们要让孩子懂得，无论他在外面经历了什么风雨，家都是他最温馨的港湾，而不是他在外面受了伤害，家里还有站在他对立面的双亲，对他的言行再一次进行抨击，导致孩子承受二次伤害。

想要孩子能体会到我们的爱，其实方式有很多种，比如，让孩子知道，跟父母的面子比起来，他更重要。无论他经历了什么，他的爸妈都始终会站在他的身后，为他遮风挡雨。

成功的父母，不做自以为对孩子好的事情

作为父母，我们为孩子拼尽了全力，我们自认为对孩子做过的每一件事，没有一件的出发点不是为他们考虑，不是为他们着想，但是效果却总是差强人意，甚至有很多时候得不到孩子的理解和认同，经常会为此跟孩子产生矛盾。每到这种时候，别说孩子恼怒，我们的内心也充满了无力感和失落感，甚至会伤心难过。可我们有没有想过，会不会是我们用错了方法？

就如同我们总是羡慕别人家的孩子，学习又好，家教又得体，可我们有没有用心审视过别人家孩子的父母？看看别人家的父母是否同我们一样，对孩子事事包办，做出那么多自认为对孩子好，但是孩子并不领情的事情。只有通过对比，我们才会发现，我们有很多时候确实做错了，虽然我们的出发点是善意的，可是，作为父母，我们的这个想法和认知却是完全错误的。

李苦禅先生是我国有名的国画家，也是美术教育家，他有个儿子叫李燕，在李苦禅先生的教育下，也在画坛有着不小的成就。大家对他的画作以及人品有着很高的赞誉。

李燕从小见父亲作画，耳濡目染，也慢慢迷上了绘画。李苦禅尊重了儿子的选择。

李苦禅虽然没有做那些自认为对孩子好的事，可是他却旁敲侧击地对儿子进行了提点，比如，他经常对儿子说："人，必先有人格，尔后才有画格；人无品格，下笔无方。举个例子，秦桧就是一个相当有才华的人，他的一笔书法，很难有人能和他抗衡，只因为人格太恶劣，才令人忽视了他的才华。所以，你想画画，首先要做一个好人，人品立住了，你的画才能让人佩服。"

李苦禅给儿子立了规矩，自己也严格地执行，率先垂范，让儿子耳濡目染，知道自己该做什么，不该做什么。1936年，汉奸们试图拉拢李苦禅，让他去做官，面对汉奸们的苦苦相逼，李苦禅断然辞去教学职务，以卖画为生。

父亲的言行，儿子看在眼里，也身体力行地照着做。李燕有一次去北京郊外写生，有人听说李苦禅的儿子来了，准备了酒菜，等他休息的时候要请他吃饭。李燕婉拒了，自己在山上掏出了自带的大饼和白水，默默地吃了起来。大饼干硬，李燕吃得直伸脖子，可他依然没有喝别人家的一口汤，吃一口菜。虽然说他拒绝了别人，可是那些人却都对他竖起了拇指，纷纷表示，不愧是李苦禅的儿子，跟他爸爸一个样，这孩子将来肯定会出人头地，有出息。最终，李燕成了名满天下的绘画大师。虽然这条路因为没有父亲的庇护，他走得很辛苦，但是他却非常自豪地说："自己闯出来的天下，见证了风风雨雨，对自己也是一种锻炼，也正因如此，才能够在绘画上体现出来。"

《发展心理学》这本书里面也有类似的陈述：对孩子来说，如果想让他能够感受到被人认同，家长们不要过分对孩子的事情指手画脚，不要去做那些自认为对孩子好的事情，而要让孩子自己发展，家长尽可能地参与其中，提一些建设性的意见，这样成长起来的孩子，才会阳光向上，充满自信。

对待孩子其实有很多种方式，家长只要记住这几条，就可以减少对孩子的干预，又能起到照顾保护好孩子的目的，让自己成为优秀成功的家长。

首先，绝对不当众批评孩子，也不要以学习好的孩子为例，去打击自己的孩子，更不要用自己年轻时候的事例去嘲讽孩子。尤其在孩子学习方面，我们绝对不能以为花了大价钱给孩子找了最好的家教就一劳永逸，然后以自己的目标给孩子制订规划。

其次，面对孩子成长的困扰，我们不能够当作"少年不知愁滋味"而采取忽视、不管不问的态度。

最可怕的一个方面就是作为家长，认为孩子毫无隐私可言，对孩子的事情，事无巨细都要问个明明白白。

如果家长能够牢记这些，并在生活中遵守执行，相信每个家长都会是优秀的家长，而优秀的家长一定能培养出同样优秀的孩子。

孩子想要的交流，不需用严肃的态度

　　随着孩子们渐渐长大，又一个问题难住了家长们，那就是我们的孩子为什么不再跟我们交流？我们跟他们交流的时候，他们懒得听，甚至还会不耐烦，我们逐渐地走不进孩子的内心。曾经有教育工作者就这个问题跟孩子们进行过探讨，结果孩子们说的跟家长们说的几乎一致。孩子们说，我们懒得跟爸爸妈妈交流，他们总是一本正经，老生常谈，每次从他们嘴里说出来的话如出一辙，全是冠冕堂皇的话，既然他们没有诚意，那我们还是不要交流了。

　　所以说，孩子不想跟我们交流，其实问题还是出在我们的身上，无论孩子长到多大，想要跟他们交流还是需要方式方法的，在我们看来有些严肃的问题，在跟孩子沟通的时候尽量用轻松的态度，否则孩子会认为我们小题大做，会对交流产生抵触情绪。

囡囡的幼儿园老师最近跟囡囡的爸妈反映，说囡囡早上来到幼儿园就噘嘴不开心，有的时候甚至会不开心一整天，是不是她在家里跟爸妈有什么不愉快的事情发生？囡囡的爸妈回忆起早上的点点滴滴，感觉可能是囡囡妈妈在跟囡囡的交流上出现了问题。原来，囡囡吃完早餐后，妈妈说了囡囡几句："囡囡，怪不得你从幼儿园回来总嚷嚷饿，你看看你吃饭不好好吃，不是玩手指就是双眼放空，这怎么可能吃饱肚子？还有跟你说了多少次，你的小手绢要别在胸口的衣服上，这样方便你擦脸，擦手，可你看看，每次你都把它揪下来，你到底有没有在听我讲话？"幼儿园老师听完囡囡妈妈的讲述，发现问题就出现在这里，对于囡囡来说，这么严肃的口吻，显然是破坏了她一天好心情的原因，囡囡的爸妈恍然大悟，于是决定及时补救。

吃晚饭的时候，囡囡爸爸问囡囡："宝贝，你好像不太高兴，是不是在幼儿园发生了什么不开心的事情呀？"囡囡沉着脸，不吭声，囡囡爸爸给了囡囡妈妈一个眼神，囡囡妈妈说："别说囡囡了，就说我吧，今天在公司里就很不开心，明明不是我的错，可就因为我们部门别的同事的问题，结果我们大家一起受罚。"囡囡听完突然开口说话了：
"今天李晓明说老师拿来的水果不用等着分，我们可以自己去拿，我们就都去了，结果老师回来看见一盆水果都没有了，批评了我们，我觉得不怪我，都怪李晓明。"囡囡爸爸妈妈忍住笑，没有批评囡囡，而是给她细致讲解了这件事到底是哪里出了问题，囡囡也是有小小责任的哦。最后，囡囡不但懂得了道理，而且还很开心。

我们作为家长，要明白跟孩子交流就是交流，而不要本着教育的目的，时时刻刻说教。与其一板一眼地跟他讲道理，不如把道理蕴含在平日的交流里，用漫不经心的方式跟孩子谈谈他喜欢的动漫，他喜欢的话题，甚至体育项目，只要是孩子感兴趣的，我们都可以进行引导性的聊天。让孩子打开话匣子，我们会很容易就发现孩子的心态，以及他最近情绪的波动，这个时候，我们就可以用讲故事、说典故，或者身边的事例，来跟孩子进行交流，因为有前面情绪饱满的氛围做铺垫，所以孩子会很容易跟我们敞开心扉，说出他内心的秘密。

我们与孩子建立良好关系的主要途径就是沟通，这就要求我们要学会和孩子平等对话，而不是单方面地对他说话。

把孩子当成我们真正的朋友、亲人，跟他进行无目的的、畅所欲言的交流是非常重要的，给孩子营造一个轻松的氛围，让他不必紧张，久而久之，孩子会保持跟我们交流的习惯，他会对我们敞开心扉。但是前提是无论他说出什么问题，我们都不能站在成人的立场上，认为孩子的想法幼稚，继而进行嘲讽，不屑一顾地批评，这样会使得孩子关上心门，从此不再跟我们交流。

别捂住孩子的嘴巴！满足他们的倾诉欲

不知道从什么时候开始，成年人开始对成熟的标志有了标签似的规划，其中有一条就是减少倾诉的欲望。实际上，倾诉是人的基本诉求，倾诉不但能让我们放下内心的疲惫，还能减少压力，舒展心情，其实是心理诊治的重要手段之一。成年人都如此注重倾诉，对于孩子来讲，倾诉更是占据了他们成长的大部分时间。

家里有宝宝的家长应该都经历过这个过程，一个小小的孩子，居然会不知疲累地喋喋不休，走着说，跟着我们说，就算我们在看书，干家务，他也会跟随左右，不停地讲着一些不知所云的东西。如果我们都遭遇过这种经历，那么，我们应该窃喜，因为我们有一个信赖我们的孩子。

著名的教育学者曾经做过一项调研，那些愿意跟父母倾诉的孩子心理上会更加积极，因为不管是快乐还是悲伤，他们都愿意跟父母分享，积极的情绪有利于改变现实，而消极情绪如果能够及早地化解，不会对健康心理的建立造成影响，也有利于顺利地实施行之有效的家庭教育。

所以，请珍惜孩子的这种倾诉欲望，如果有时间和机会，就好好满足孩子的这种欲望，让他们多说给我们听，而不是不耐烦地强行制止让他们闭嘴。

小光是个活泼的男孩子，刚刚上小学一年级，因为各种原因，小光的妈妈不允许他私自去楼下玩耍，爸爸又经常出差，而小光又是一个爱讲话的孩子，于是，他只好把自己一天在学校的见闻说给妈妈听。妈妈做饭时，小光站在妈妈旁边，喋喋不休地讲着："我们今天上课，李老师闹了一个大笑话，她打喷嚏，居然把讲台上的卷子喷掉了一地，你说好不好笑？还有还有，今天张晓楠把吴卓羲头上的小辫子绑在了一起，吴卓羲都哭了，去告诉了老师，老师批评了张晓楠，我觉得张晓楠做得不对，他应该被罚站，你说是不是呢妈妈？"妈妈应付地点点头，转身去忙碌地洗菜，小光跟在妈妈身边，"还有，妈妈，今天邱启智去上卫生间，结果把卫生纸掉进了便池，他没有用的，都急哭了，你说这有什么好哭的呢，让同学帮忙再拿一张不就完了吗？"妈妈不耐烦地说："马上就要吃饭了，你又是卫生间，又是马桶的，一会儿谁能吃得下去饭？别讲了。"小光走到一边，有点儿委屈，从那天开始，他真的很少跟妈妈聊天了。

我们经常会说，家长对孩子的爱要有理智。因为爱孩子是家长的本能，任何一个妈妈爸爸都能做到的，但是做到理智地爱，最重要的一点就是学会聆听孩子的倾诉，满足孩子的倾诉欲望。

其实为人父母者，都知道孩子的倾诉欲望有时候强烈到吓人，他们不会管你忙不忙，在干吗，只要话匣子打开，就会跟父母喋喋不休，父母听得多了，难免会产生厌烦情绪，要么选择不回应，任凭孩子自己在那说个不停，直至闭嘴；要么就是直截了当地打断孩子，告诉他们去一边玩玩具、看看书，不要打扰爸爸妈妈。

我们这些看似寻常的反应，在孩子的成长过程中不亚于无形中捂住了孩子的嘴巴，强行让他们闭嘴，久而久之会让孩子不再跟我们倾诉，孩子看似老实听话了，实则心灵已经受到了伤害，这种方法是非常不可取的。

我们常常只愿意听到自己想听到的东西，而忽视了孩子那些啰啰唆唆的话语之中所蕴含的真相，其实也是在无形中忽略了孩子的成长。所以，做一个智慧的父母，别去做那个捂上孩子嘴巴的人，让孩子尽情倾诉并在倾诉中更好地成长。

第四章

教育孩子十个常见难题的解决方案

帮你解决所有父母都会遇到的，孩子成长道路上的十大教育难题，解放家长，成就孩子。

孩子叛逆不听话怎么办

　　小孩子唯一没有叛逆心的时期，恐怕就是在他婴儿的时候，那么软软香香的一个宝宝，饿了会哭，渴了会叫，喂他些吃的就美滋滋，随意地逗弄，他都会咯咯地笑个不停，眼神随着我们家长的身影移动，只要我们出现在他身边，他就会露出甜美的笑容，家里凡有大孩子的家长，相信都会怀念这个时期的可爱的他。

　　随着孩子的长大，两岁开始，他就有了自己的思维，也就是说，孩子的叛逆期其实从两岁的时候就开始了。他会出现叛逆，跟我们家长的教育息息相关，作为一个合格的家长，我们需要对他的一些行为进行正确的管束，而这种管束对孩子来讲是种约束。每个孩子都是一个个体，谁都不想有人贸然地反对自己。于是，他开始用自己的微薄之力进行对抗，一场关乎孩子叛逆和家长权威的对局也就正式拉开了序幕。

贝尔1847年生于苏格兰爱丁堡的一个温馨家庭。父亲是语言学家，从事聋哑人教育服务行业，可是母亲却有一个缺陷，她耳朵聋了。小时候，贝尔突然开始出现叛逆，他不喜欢上学，整天逃学，四处游玩。对于爸爸的劝说他充耳不闻，妈妈给他比画手语，他也视而不见，他的这种叛逆让他的父亲母亲伤透了脑筋。

贝尔上小学的时候很调皮，经常不遵守课堂纪律。有一次，小贝尔把一只老鼠带到了课堂上，还在上课的时候把老鼠放了出来，把女同学吓哭了，而男同学到处追着老鼠跑，致使整节课都没能上好。

小贝尔因为调皮爱玩总是受到惩罚，但就是改不掉。这次上课带老鼠，下次就带小鸟，甚至还带来了小狗。由于调皮不爱学习，小贝尔的成绩也很不好。为了让他的成绩能够提升上来，爸爸将他送去了爷爷那里，想让爷爷引导一下贝尔。

有一天，爷爷带着他和小朋友去森林里玩耍。爷爷看着兴奋的孩子们，问道："你们知道树林里都有什么动物吗？"孩子们争先恐后地回答起来，小贝尔也很积极地回答了。接着爷爷让他们将知道的动物拼写出来，小朋友们都会，只有小贝尔不知道，这让小贝尔很不开心。回家后爷爷就问小贝尔："同样是上学，为什么你不会，其他小朋友都会呢？你有想过这是为什么吗？"

在爷爷的引导下，小贝尔开始努力学习。之后爷爷发现小贝尔一点儿也不笨，反而很聪明。

有一次小贝尔想要去体验一下推磨。因为他生活的城镇离不开水磨，所以小贝尔对此也很好奇。但他发现推水磨时，要是水流小的话，很难推得动。于是小贝尔开始查阅资料，进行研究，在爸爸的帮助下，他研究出一个很好的改造水磨的方案，水磨工人根据他的方案进行了改造，发现确实比以前容易多了。这件事让贝尔从此对科学产生了浓厚的兴趣。

作为叛逆孩子的家长，我们要学习贝尔爷爷的做法，让孩子释放出自己的天性，有问题不过夜，说给我们听，我们一起来为他想办法，但是前提是我们一定要做到让孩子信任我们，觉得我们可以真心相托。

所以，在孩子的叛逆期，我们首先要调整自己的心态，而不是试图去找孩子的问题。再有就是接受现实，赶紧把孩子从叛逆的情绪中扭转过来，而不是选择放弃，失落，心灰意冷，要知道我们的情绪会直接影响到孩子，导致他沉迷于叛逆情绪中难以自拔。最后我们要能看到孩子的优点，要知道，孩子得到家长的肯定和夸奖对他来讲是非常重要的一件事，我们就算在孩子叛逆的时刻，也要留意到孩子的优点，并扬长避短，鼓励他，帮助他，与孩子一起走过他的叛逆期。

孩子沉迷手机游戏怎么办

我们不得不承认一个事实，那就是手机确实成了我们大多数成年人一刻不能离身的东西，有一点儿空闲我们就会掏出手机刷微博，刷微信，看视频，最后导致自己成了低头族，颈椎疼痛不已。扪心自问，就连我们这些有自制力的成年人，尚且摆脱不了手机的诱惑，那么，我们的孩子沉迷于手机游戏，是不是也是可以被理解的行为。

但是，孩子沉迷手机的弊端显然要比我们成年人严重得多，第一个是对视力的影响，孩子的眼睛还处于发展变化之中，手机的强光刺激会让孩子的角膜和视网膜都受到冲击，长此以往，孩子无一幸免会变成近视。第二个是对学习的影响，孩子的心智还不成熟，长期玩手机游戏，会让他沉迷其中，造成上课走神，不认真听讲，严重影响学习。还有就是对身体的影响，我们都知道孩子应该多进行户外运动才能对身体有益，现在的孩子整日窝在家里，捧着手机，久而久之对他的发育必然有损，所以，孩子沉迷手机游戏确实是一个迫在眉睫需要解决的大问题。

然而，我们家长却不得不考虑，现在的手机是孩子们交友的工具，他们经常在一起讨论各种小游戏，如果我们彻底禁止孩子玩手机，会不会给他们的社交带来困扰，让他们跟小伙伴们无话可说，没有了话题交流的延展性。所以，面对孩子沉迷手机游戏这个问题，我们家长确实左右为难。

小凯如今上二年级，平时在家里见爸爸妈妈整天拿着手机不松手，在学校又总听身边的同学说有一款游戏如何好玩，同学也经常讨论某些小视频软件，分享发生的有趣的事情。可这些小凯都接触不上，跟同学也没什么话题可聊，于是小凯回家也开始拿起妈妈的手机去玩游戏看小视频，没想到这一玩就不能自拔。

从那以后，小凯放学之后急匆匆写完作业，就拿起妈妈的手机玩个不停，小凯妈妈一开始觉得孩子写完作业了放松会没多大事。结果期中考试成绩一下来，小凯妈妈愣住了，成绩相比上一次考试整整落后了二十名。

小凯妈妈这时候开始察觉到了问题的严重性，

严格盯着手机，只要小凯一拿起手机，妈妈就立即把手机抢下来，小凯为此也哭过闹过，见妈妈执意不松口，渐渐地小凯就放弃了。

小凯妈妈以为事情过了一段时间，小凯也不再提玩手机了，这件事就不了了之了。而且小凯还表现得特别乖，放学回家就回到房间里，说是复习功课，妈妈非常欣慰，整天给他做好吃的。

直到有一天，小凯妈妈推开儿子屋门送水果，却发现小凯慌张地在藏东西。小凯妈妈于是火冒三丈搜了小凯的身，竟找出了一部新的智能手机。经过严厉询问，小凯坦白这是自己拿了过年攒的压岁钱买的手机。

小凯妈妈这才发现，对孩子玩手机的事情严防死守根本起不了太大的作用，治标不治本。于是，小凯妈妈和小凯爸爸决定从自己入手，改掉回家玩手机的习惯，陪着小凯聊天、学习，全家人其乐融融，偶尔也讲一些热点新闻、新鲜事，让孩子吸收新鲜事物，别跟同学没有话题聊，久而久之，小凯真的摆脱了手机的困扰，不再沉迷玩手机。

孩子沉迷于各种消遣难以自拔，从古至今都是一个难题，家长如果想要戒除孩子玩手机游戏的坏习惯，首先要想想自己，是不是下了班就拿着手机躺在沙发上不间断地观看；吃饭的时候，不肯跟孩子交流，一直在玩手机；会把手机作为对孩子的终极奖励，比如你做好这个，就让你玩十分钟手机。如果以上这些行为家长全都有，那么，你和孩子都是在沉迷手机，而不仅仅是孩子自己。想要孩子不沉迷于手机游戏，其实有以下几个方法：

第一，不要视手机游戏为洪水猛兽，一味重压，要多跟孩子发展户外活动，开发孩子的其他兴趣。小孩子的兴趣其实很容易被转移，但是前提是需要家长的协同陪伴。

第二，不要把玩手机视为对孩子的奖励。奖励办法有很多种，比如带孩子去看他十分想见的动物，或者是带他和自己最喜欢的小伙伴一同出去野餐，而不是图方便把手机扔给孩子，这是非常不负责任的行为。

第三，要努力帮助孩子发展独立思考的能力。等到孩子哭着说，别人家的孩子都能玩手机，我为什么不能的时候，我们要因势利导，告诉他，让他自己想，为什么他不可以。这样我们就会在孩子的回答中，听出许多他自己心虚的问题，然后，我们再抛出我们的观点，告诉他，为什么不可以玩手机，玩手机的各种坏处，让他心中产生玩手机是不对的和不玩手机的自豪感。

　　第四，不要单纯地只是禁止孩子玩手机，而要全面地管控好孩子全日的流程，做到时刻关心他，在意他，让他知道父母爱他。久而久之，手机在孩子的眼里就不会那么重要了，也不会成为不可取代的电子产品。

　　亲子关系的融洽一定是解决任何问题的万能钥匙，当孩子意识到父母是能真正了解他的人时，他会更愿意将自己内心的想法告诉父母，也希望得到父母的建议，这时才是解决问题的最佳时机。

如何解决家庭作业的烦恼

现在网络上最让人们会心一笑的莫过于家长辅导孩子作业的情况。面对各种气到抓狂的家长，面对各种不愿意做作业，或者作业做得一塌糊涂的孩子，虽然看客们笑得欢天喜地，却不知道，如何解决家庭作业的问题，已经成了家长最棘手的问题。

作业的问题，不但苦恼了家长，也委屈了孩子，如果家长和孩子不能在家庭作业上达成共识，那么，很有可能原本母慈子孝的温馨家庭氛围，会在大呼小叫哭哭啼啼的悲伤情绪的引导下，变得分崩离析。

所以，如何解决家庭作业的烦恼，可以说是每个家庭迫在眉睫的大事，如果家长和孩子能顺利解决这个难题，那么，对孩子以后的求学之路百利而无一害。

海伦·凯勒是美国著名的女作家，她写了很多非常著名的小说，在美国文坛上有着非常高的地位。可是，很多人不知道的是，她竟然是一名盲人，而且还失去了听力。

海伦·凯勒在小时候生下来没多久就患了一场重病，这场病让她从此听不见，看不见，也说不了话了。用寻常人的眼光来看，这个孩子的将来真的令人堪忧。

然而海伦·凯勒非常幸运地遇到了一位好老师：安妮·莎莉文小姐。安妮·莎莉文小姐为了教导海伦·凯勒认字，准备了一个芭比娃娃，放在海伦的手里，这是海伦最喜欢的娃娃，海伦摸着她，脸上露出了微笑。安妮·莎莉文小姐在她的手心里写下了"娃娃"两个字，海伦非常聪明，她竟然重复地在安妮·莎莉文小姐手里写下了这两个字。从那天开始，安妮·莎莉文小姐会把海伦喜欢的东西放在她的手上，然后写下东西的名字。海伦特别喜欢这种学习方式，因为她想知道，她喜欢的东西都叫什么，因此，海伦很快就爱上这种学习方法。

从此以后，海伦就用这个方法学习，她一个一个地记，逐渐学会了不少的词。于是安妮·莎莉文小姐准备了打字机，让海伦在上面把学会的字打出来，海伦不但会打字，还会把在脑海中，为这些东西编的故事都打上去。可是因为海伦不太接触外面的事物，她的想象力很匮乏，于是，安妮·莎莉文小姐带她走到户外，让她去摸汽车，摸草地，一字一句地在她手上写这些物体的名称和用途。渐渐地，海伦成了一个热情开朗、爱学习的孩子，而且，若干年后，她还成了家喻户晓的作家。

著名教育学家根据海伦·凯勒的事例，总结了几个如何解决家庭作业烦恼的举措，如果家长们按照这些方法跟孩子在作业上进行沟通，相信困扰所有家庭的这个作业问题会很快地迎刃而解。

首先，我们要观察孩子写作业的情况，不要强行地介入，看到孩子作业出现问题的时候，以询问的方式帮助孩子，耐心地给孩子讲解他遇到的问题，而不是指责他：你上课都听了什么？这么简单的问题你都回答不上来？如果我们暴躁地指责孩子，那么，孩子以后在写作业的时候也会对我们敬而远之。

其次，在跟孩子沟通作业问题的时候，要注意语气和态度，要跟他说，你是怎么想到这个解决办法的呢？可是，妈妈跟你的想法有些出入，你能告诉妈妈你是怎么想的吗？弄懂了孩子的想法，我们才能知道他到底错在哪里，而不是直接对答案进行抨击。

再者，一定要谢谢孩子，感谢他肯在学习中聆听我们的意见。这个一定要切记，这种感谢让孩子明白他是被尊重的，这样他才会在学习中跟家长有商有量，而不是一味地顶嘴。

最后，虽然我们家长知道答案，但是不要强制孩子执行，而是要把自己的答案和孩子的答案放在一起，让孩子进行比对和选择。如果孩子依旧选择错误的，那就说明他没有听懂我们到底是如何做对的，我们就要耐心细致地把我们解题的方式再跟孩子说一遍，在这个过程中，千万不要喋喋不休地说孩子笨，说孩子怎么就听不懂。

其实，解决孩子家庭作业的烦恼，追根究底不是学的问题，而是教育的问题，既然涉及教育，那就是从心出发，是一个帮助孩子成长的过程。家长只要做到耐心细致地跟孩子进行沟通，相信孩子很快就会摆脱家庭作业的困扰，开开心心地跟家长一起，把家庭作业进行到底。

上兴趣班如果半途而废怎么办

现如今的家长，恐怕心里都有一个心结。我们幼时也许因为家庭条件的原因，也许因为实际环境的因素，造成有许多心愿没有达成，比如学跳舞，学钢琴，学画画。现在，我们的孩子长大了，我们觉得理所应当地想让孩子在学习以外，能有属于自己的兴趣和爱好，愿意让他们德智体美全面发展。

好一些的兴趣班由明星老师主讲，费用自然不低，可是一想到孩子能得到最好的培训，我们就愿意花费不菲的价格，圆孩子一个梦想。可是，意想不到的事情总是会发生，我们忘记了孩子的耐心和天性，他们经常学着学着就会选择放弃，徒留家长懊悔不迭，不知道是该劝孩子继续去坚持他们毫无兴趣的兴趣班，还是该选择放弃，还孩子一个清净，或者是激发孩子的兴趣，让他们开心地完成兴趣班的课程。这像是一个难题，横亘在家长心中，苦苦找不到答案。

　　爱因斯坦是一名伟大的物理学家，他提出的相对论，对人类的发展有着巨大的推进作用。可是，令人难以置信的是，爱因斯坦小的时候，竟然被认为是个智力有问题的孩子，因为他总是默默无语，坐着发呆，考试考得一塌糊涂，老师对他的评语是，这孩子就这样了，没有培养的必要。然而，爱因斯坦的父亲发现，虽然这孩子别的功课都不及格，可是他的数学却名列前茅。于是，父亲觉得，与其用别的课业去埋没这孩子的兴趣，不如好好发展他的数学头脑。

　　爱因斯坦的叔叔雅各布是一个很厉害的工程师，主要在电器厂里负责技术工作。又因为雅各布叔叔特别喜欢数学，所以，每次爱因斯坦问他问题，他都会用最简单的方法让爱因斯坦明白数学的奥秘。

　　爱因斯坦有一次问叔叔，代数是什么？叔叔为了让爱因斯坦明白就深入浅出地为他解答了这个问题。叔叔说完了道理，又送给爱因斯坦一些代数书，让他自己认真看看。

　　爱因斯坦的父亲非常善良，他为了改善穷学生的生活，会在周末邀请这些学生到家里吃饭。有一对犹太兄弟经常来，一来二去和爱因斯坦成了很好的朋友，他们就是麦克斯和伯纳德。麦克斯算是爱因斯坦的启蒙老师，在爱因斯坦十二岁时，他送给了爱因斯坦一本平面几何的教科书，这本书非常吸引爱因斯坦。在晚年时，爱因斯坦回忆起这本书的时候还说，这本书中的数学理论给他留下了深刻的印象。

那时麦克斯每周都会过来帮他辅导，为他讲解一些难懂的问题，后来又教他高等数学。在十三岁的时候，他就已经能自己学习微积分了。在他同班同学学习简单的数学内容时，他已经靠着自学开始无穷级数的学习和研究了。很快，麦克斯表示他教不了爱因斯坦了，因为爱因斯坦已经懂得比他还要多了。

其实，孩子在上兴趣班的时候容易半途而废这件事，非常好解决，只要家长能妥善对待，做到以下几点，相信孩子会把抵触转换为动力，最终成为一个各方面都很优秀的孩子。

首先，在报兴趣班的时候要对孩子多做鼓励，给孩子选择的机会。所谓兴趣班一定是根据孩子的兴趣出发，而不是家长的兴趣，更不是为了家长的面子。要让孩子知道他的兴趣在哪里，家长要跟他反复确认，并且直截了当地告诉孩子，虽然有的想法看似是兴趣使然，但是想要真正地学习它，仅仅凭借着兴趣是不够的，还要有长期的毅力作为加持。所以，先礼后兵，把孩子即将遇到的困难讲给他听，然后再进行报名。

其次是对等的沟通。孩子是因为兴趣想要进行深入地学习，可对家长来讲，除了付出学费，还要跟着孩子一起付出时间。所以，一定要叮嘱孩子，家长为了他的兴趣，满足他的兴趣付出的不比孩子少，如果他实在坚持不下来，想要半途而废，那么，等同于让爸爸妈妈的辛苦付之东流，他放弃的不仅仅是他的兴趣，更是爸爸妈妈的时间和金钱。

最重要的一点是，家长不能以为花了大价钱，把孩子送去兴趣班就可以一劳永逸，剩下的就是老师的事情。因为在很多时候，有的老师会得到孩子的喜爱，继而让他对自己的兴趣更加热爱，还有的也许跟老师沟通不畅，造成孩子产生厌弃的想法。所以，家长在报名之前，应该跟老师进行沟通，将孩子的基本情况跟老师阐述，让老师对孩子有个初步的了解，以便有的放矢。这样，老师能够因材施教，孩子会更容易接受进一步的学习。

　　当然，孩子学不下去的情况和缘由也因人而异，但是家长只要做足上述几点，相信孩子出现半途而废的概率会比较低。十年育树，百年育人，既然教育孩子是场持久的战役，那就让我们家长多掌握和孩子沟通交流的正确技巧，把孩子培养成为出色的人才。

当孩子一不满意，就哭闹、发脾气怎么办

家长们不得不承认一件事，现在的孩子脾气很大，都非常有个性，一不满意，不是哭闹就是发脾气，有的时候甚至让家长都措手不及，不知道该怎么应对。我们家长在小的时候，因为父母工作忙，可能教育孩子的方法比较简单，通常训斥一顿或者打两巴掌，再不就买点儿好吃的就完了。可现在的孩子，不但聪明，而且还会审时度势，他们早就料定我们舍不得对他们动粗，于是变幻着花样无理取闹。那么该如何处理孩子发脾气的问题，家长要从以下几个方面着手：

首先，我们应该知道孩子哭是他的一种本能，因为从他呱呱坠地起，他就会用哭声表达自己的诉求，冷、饿、渴，他都会用哭声提醒家长，然后家长就会应声而动。虽然孩子渐渐长大了，可他的心智还不成熟，所以，他仍旧习惯用哭闹、发脾气来表达自己内心的不满。这个时候，如果家长还是一味地使用从前的老办法，对他各种迁就，那难免会助长

他的嚣张气焰，让他越发为所欲为。

所以，面对这种情况，家长要根据年龄段，使用不同的处理方法。年纪略小的孩子，家长应该进行冷处理，无论孩子哭闹成什么样子，家长都不要急躁，不要妥协，而要用淡定的方式回应他。小孩子其实也是有理智的，他看出这招不管用的时候，就会慢慢冷静下来，而此时，家长再跟他适当地讲道理，告知他，为什么会不同意他的要求。

张亮一直是幼儿园老师和爸爸妈妈眼里的乖孩子，他很听话，可是，自从搬了家，换了新的幼儿园，张亮就好像变了一个人一样，只要说去幼儿园，从穿衣服开始，就不停地哭闹。张亮的爸爸原本工作就很繁忙，看到孩子哭闹，就更心烦，好几次都想训斥孩子，可是，冷静下来的张爸爸还是去跟幼儿园的老师进行了沟通，得知张亮在幼儿园整天闷闷不乐，不太合群，张亮爸爸才找到了张亮哭闹的症结。

第二天早起上幼儿园的时候，张亮又开始哭闹，发脾气，张爸爸直截了当地说："我不懂你到底想要干什么，如果你一直这么闹下去，那么，我也永远不明白，咱们就每天早上抽出十分钟，听你哭上一段，这又能解决什么问题呢？你把你怎么想的说出来，咱们一起想办法好不好？"张亮慢慢地从大声哭泣变成了小声哽咽，他断断续续地说出了自己内心的感受。原来，离开了原本熟悉的幼儿园和小朋友，张亮害怕这个新的幼儿园，那些小朋友他都不认识，他不知道该怎么办，所以他不想去幼儿园。张爸爸听完张亮的话，耐心地告诉张亮，如果他早点把问题说出来，那么，爸爸会跟他一起想办法，可一直这么哭，不但爸爸不能理解，更会让幼儿园的小朋友误会他，觉得他是个任性的孩子，所以，以后不要哭，心里想什么就大声说出来，张亮点了点头。说出了内心真实的想法，在张爸爸和幼儿园老师的帮助下，张亮终于开始融入了新的幼儿园生活，重新成了那个活泼的小张亮。

其实，张爸爸的这种做法，在儿童心理学理论中是有专属名词的，叫作正面强化效用，就是在孩子哭闹、不讲理的时候使用的。我们在孩子哭闹的时候，要把关注点放在孩子的正面行为上，要给孩子造成你不知道他想要干什么的错觉，让他冷静下来自己表达，然后，再因势利导，指出有问题他应该明明白白说出来，他的这些做法并不能解决问题，只会让家人更加误解，久而久之，孩子会质疑自己的这种做法，继而改正。

虽然理论上来讲，自由和责任从来都不能分割开来，孩子也一样，他能担的责任有多大，得到的自由就有多大。但是，如果他的这种自由要凭借着哭闹、发脾气来胁迫大人帮助完成，那么作为大人的我们就要肩负起纠正他的这种错觉的责任，把他的行为牵引到正常的轨道上来。

到底应该如何和孩子谈钱

谈钱这件事，别说中国的父母不知该如何跟孩子谈，就连我们的传统，也认为经常谈钱是很俗气的一件事，继而发展成为经常跟对方询问钱的情况，也被视为是很失礼的一件事。所以，我们和朋友之间羞于谈钱，和亲戚之间羞于谈钱，甚至就连跟我们的孩子，谈钱的方式也不会很直接。于是，就出现了两种派别的家长，一种是溺爱孩子的家长，告诉孩子随便买，你爸爸妈妈有钱；还有一种就是善于哭穷的家长，告知孩子我们穷得即将吃不上饭，你千万不要乱花钱，要节俭。

其实，无论跟孩子宣传富有还有贫穷，这两种方式都是非常不可取的。

亚当·斯密最早在《国富论》里提出"理性经济人"这个概念，意思是说，作为经济决策的主体都是充满理性的。所以，家长一定要理性地跟孩子谈钱，让孩子懂得金钱的意义，而不是一味地炫富或者哭穷。

在一个金钱观念成熟的父母眼里，钱只是一种实现理想的手段，而非炫耀的资本，或者让孩子节俭而哭穷的手段，这种父母大多会灌输给孩子金钱的真正意义，让孩子懂得金钱的价值。

一个孩子的内心是否富足，并不完全是由物质多少决定的，而是在于一个家庭对待生活的态度如何。所以说，不要再在孩子面前哭穷，或者炫富，这都没有任何意义，不如直接给他们讲解金钱的意义。

家长们对待孩子花钱的方式也要加以引导，平日里定时给孩子零花钱，让孩子养成记账的习惯，知道自己的钱是怎么花出去的，花得是否合理，这样会无形中给孩子建立起理财的观念，让孩子明白储蓄金钱的意义。

俗话说言传不如身教。从教导孩子开始，我们也要做一个能正视金钱的父母，摆正自己的三观，在给孩子做榜样的同时，也纠正自己对金钱的态度，这样，既教了孩子，也提升了自己。

如果孩子遇到校园欺凌怎么办

经常有家长纳闷，为什么我的孩子听话、胆小，从来不惹是生非，甚至还有些孤僻，不太跟同学交流接触，可他却会遭遇校园欺凌？原因就出在他听话、胆小、孤僻这些状态上。所谓校园欺凌，无非就是一些捣蛋的孩子欺负一些看起来弱小的孩子，以此得到快感，得到满足，这里面有的时候并不存在什么特殊的意义和理由。

所以，如果当我们的孩子遭遇校园欺凌，我们作为家长，千万不要一遍一遍地追问孩子："他们为什么欺负你，不去欺负别人？你是怎么惹到他们的？"这种问句会让原本心灵上受到摧残的孩子再次遭受伤害，因为他也不知道，不明白，他是怎么惹到了那些人。

当孩子受到校园欺凌时，我们作为家长要第一时间站在孩子的身后，告诉他，爸爸妈妈爱他，在意他，会保护他，让他不要恐惧，不要害怕，给孩子一份坚定的信心，一份爱的关怀。

当然，校园欺凌分为很多种，有冷暴力，有嘲讽，有寻衅滋事，甚至还有孤立。有些事孩子讲述不出来，但是内心会感知到，所以，我们作为家长一定要细心观察孩子回家后的表现，一旦发现他变得跟往日不同，要及时对他进行心理疏导，让他讲出内心的感受，然后再做决定，从哪一个方向入手去帮助孩子。

奥布里是一位文身师，住在美国休斯顿，有三个孩子。他有个儿子已经八岁了，但是在学校经常被欺负，他得知后非常生气。依照他的性格，他更愿意到那个欺负他孩子的家里打一架出气，但是他知道这并不能解决孩子被欺负的问题，于是他换了一种解决方式。

奥布里去了欺负他儿子的学生马塔里的家里，经过和他妈妈的沟通，并得到允许后，他带着马塔里出去了。马塔里最初非常抗拒，奥布里带他上车上聊天时也很不情愿，但他还是上了车。

奥布里很有耐心，也始终脸带微笑，聊了一会儿后，马塔里不再抗拒，坦白了自己欺负他儿子的原因。因为马塔里家里很拮据，穿的衣服是破的，还经常搬家，也因此常被欺负。一天他看到奥布里的儿子穿了新衣服，出于嫉妒就打了他。奥布里了解了情况后，没有为难他，也没有训斥他，而是决定帮助他。奥布里想了想，决定带马塔里先去买一身新衣服。

后来，他找了个机会，让两个孩子坐在一起聊一聊。开始两个孩子很不自在，但是没多久就开始一起玩耍了。

奥布里并没有结束对马塔里的帮助。他在网上将马塔里一家的情况进行了说明，并为他们一家筹集了三万美元的捐款，这让马塔里也有了固定的居所，为他们解决了最大的困难。

当然，我们不能肯定马塔里从此就彻底改变了，但是他一定不会忘记这位帮助过他的父亲，虽然他欺负了他的儿子，但他依然给予了他宽容和爱护。

用爱感化和引导，也许才是化解孩子之间矛盾的最佳方式。

不管是哪位家长听到自己家的孩子被欺凌，都会气得发抖，心疼到骨子里，甚至冲动得想要亲自上阵去教训欺凌自己孩子的那些人。但在这种时候，家长千万要冷静，不要责备自己家的孩子，也不要去深挖，为什么他们会欺负我的孩子，而是要立即展开一系列的行动，把自己孩子受的伤害减到最低，设法弥补，别让欺凌继续下去。

首先，我们应该让孩子学会向我们求助。如果孩子受到了欺凌不敢说，那肯定是我们在以往的教育中，跟孩子的沟通出现了问题。所以，我们就要从现在开始让孩子明白，无论发生什么，我们始终站在他的身边，维护他，心疼他，如果他是名战士，那么他的爸妈永远是他身边并肩作战的战友。

其次，引导孩子学会正确的人际交往规则。因为在各类欺凌事件中，经过专家统计，那些孤僻的、不善于跟同学交流的孩子，被欺凌的概率要比活泼的孩子大得多。如果孩子学会正常的人际交往，在学校有自己的朋友和伙伴，那么，想要欺凌他的对象就会产生忌惮，继而放弃对孩子的欺凌。

最后，要适时地让孩子展示出自己的实力，比如，孩子比较羞怯，有很多优点都不好意思展示，这也会让他成为被欺凌的对象。所以，家长们要利用机会，让孩子得以展示自己的实力，有这些技艺傍身，他获得好朋友的机会就会增大。以多欺少，欺软怕硬一直是欺凌者的做法，所以，让孩子强大起来，才是避免被欺凌的最佳方法。

　　我们身为父母，首先要培养自己的领导力，让孩子懂得要冷静面对事情，学会保护自己，确立自己的底线，该反抗、该站出来的时候不要退缩。当然父母也要告诉孩子不要怕，不管遇到什么事情父母都是他们的后盾。

孩子不知道感恩怎么办

虽然父母从来不计较为孩子付出了什么，付出了多少，但是孩子却经常会做出一些举动，让我们感到他们不懂感恩，觉得我们所付出的一切都是理所应当的，虽然我们不至于为此就放弃对孩子的爱，但是伤心和难过还是在所难免。

经常有家长发出疑问："为什么我对他这么好，他却对我这样？"其实这里有很大的原因在于我们家长自身。为什么现在国学成了热门，家长们纷纷追捧，就是因为家长们在养育孩子的过程中，发现自己身娇肉贵的宝贝正在朝着"白眼狼"的方向发展，为了让他们懂得尽孝，知道感恩，家长们甚至不惜花费大价钱，让孩子参加国学班，不仅仅是学习古人的文化，更多的是想让孩子学会古人的孝道——感恩。

江南崇明曾经出过吴氏四孝子，这四个孩子对父母的孝顺不但远近闻名，甚至就连皇上也对他们赞许有加，给予了很高的褒奖。

吴家父母身体都不大好，四个孩子又是男孩，非常能吃，日子过得捉襟见肘，有的时候甚至饭都吃不上了。逼不得已只能将孩子卖入富户做下人，等到孩子长大后，有了积蓄都自己赎了身回到家中奉养父母。

回去后，这四个孩子商量如何供养父母膳食，让他们能吃得好点儿，舒服点儿。兄弟四个商量后，决定每家轮流一个月为父母做好吃的。儿媳妇们却持有反对意见，她们说："公公婆婆的年纪这么大了，我们都想给他们做饭吃，可是，一个月一轮转的话，轮到我们家就得三个月以后，等待的时间太长了，让人心里惶恐，觉得没照顾好公婆。"四个儿子又坐下来商量，最后决定每家一天，这样轮流来。儿媳妇们又说："就算这一家一天，还要三天才能轮到一次，时间还是太长了，难以表达自己的孝心，看看还有没有更好的办法。"于是他们决定按照顺序，从老大开始，轮流为父母做早中晚三餐，老四按顺序是第二天早上去做饭。这样轮流了四天后，这四个兄弟还是决定一起照顾父母，不轮流照顾了。每当吃饭的时候，孩子们就在边上侍候父母吃饭，媳妇们也按照顺序来上饭菜。

因为父亲时常会去集市上转悠，给孙子们买点吃的，因此他们给父亲做了一个小柜子放在屋里，每次每人都放五十钱，用完后再放。他们四兄弟照顾父母几十年，从未怠慢过父母。因此陆陇其将他们的事迹写了下来，流传至今。

不能否认的是，这兄弟四个是懂得感恩的人，他们也将感恩和孝顺发挥到了极致，家长们也都羡慕吴家可以养育出这样的孩子。那为什么我们的孩子不懂得感恩呢？深究原因其实可以归纳到几个方面。

第一，孩子还小，他们正在经历成长叛逆期，还不明白感恩和尽孝的意义。因为小孩子的内心终究是自私的，家长们又过于宠溺，所以，他们现在一片懵懂，还不太明白需要感恩，这个就需要家长慢慢引导，而不要把孩子视为天生的冷漠，或者说孩子没良心。

第二，家长没有以身作则，没有让孩子看到我们身上的感恩和孝顺之心。这一点也非常重要，因为小孩子的成长跟模仿有着很大的关系，如果我们能对长辈时刻感恩，在生活中充分做到尽孝，那么，我们的孩子看在眼里，将来也会如法炮制，反之亦然。

　　第三，孩子本身性格的原因。虽然有的孩子看着活泼外向，但其实小孩子的内心也会羞怯，也不善于表达自己的感情，就像我们对父母不能亲口说出我爱你一样，我们觉得这是一件很难为情的事情，我们的孩子也是如此，他的内心就算是想跟我们表达，也会被害羞阻挡住了脚步。所以，先不要给孩子添加标签，说他不懂感恩，而要慢慢观察他，鼓励他，慢慢地，他会成为我们想要的那个懂得感恩的好孩子。

　　第四，也是最重要的一点，想要孩子懂得感恩，一定要家庭和睦。如果一个家庭整日充斥着谩骂、殴斗，不仅不会让孩子懂得感恩，甚至还会影响他的心理健康。所以，作为家长一定要多方面看问题，不能因为孩子小小的冷漠就断定他不懂感恩，只要我们把该做的都做好，相信孩子一定会逐渐懂得感恩。

孩子总爱找借口怎么办

美国教育学家布卢姆曾经说过，借口是不想担负责任的托词，是不信守承诺的反映，是畏惧困难、不求上进的表现，它直接阻碍着一个人将来的成功。

别说孩子总爱找借口，就连我们做家长的，如果做错了事，也会下意识地去找借口，为自己开脱，这个现象一来是怕自己承担连带责任，二来其实也是人的本能。所以很多孩子做错事的时候，容易找各种理由把过错都推到其他的事物上，让自己免于承担责任，这也是出于他们的本能。

我们作为成年人，作为家长，要规避自己做错事找借口的行为，为了孩子的将来，我们也要成为一个有责任有担当的人，而不要在做错事后，不去想错在哪里，而是千方百计地找借口，为自己开脱。

有些妈妈就对自己女儿身上表现出来的这种情况很头痛。

　　张丹的女儿今年五岁，性格开朗，表达能力很强。但最近她发现女儿开始会为自己找各种理由了。例如早上起床起不来，她会说是因为天太冷。画册找不到，明明是自己丢了，但却借口说是别的小朋友借走了没还回来。当被问东西为什么没保管好时，她还会辩解说是小朋友拿走的。

　　这种为自己找借口的背后隐藏的是不自信，如果孩子觉得自己做得很好，就不会去找借口来掩饰。如果孩子知道自己没做好，他就会认为自己很糟糕，这时候"理由"就是他自我安慰的途径，可以减少他的不安和挫败感。从情商的方面来看，这表明孩子也很重视自我价值，也很需要成就感。同时，这也对孩子的自我控制提出了挑战，当遇到困难时，有的孩子往往会先选择放弃。但如果想要达成这些目标，他们就必须要学会面对困难、克服困难，提升自律能力。

　　托马斯是美国著名的心理学家，他有项研究表明，在儿童成长期，孩子的大脑会将家长或是家长以外成人的做事方法记下来，这属于"外部经验"，是一种永久性的记录。孩子今后一旦遇到同类问题，大脑将会自动调取记忆告诉他们如何去做。所以，如果家长当着孩子的面，为自己做的错事找借口，那么，可想而知，我们的孩子在犯错的时候会怎么做。

心理学里有一个归因理论，我们做事成功与否都会有两个原因，一个是外因，一个是内因。

当小孩子犯了错，如果家长选择以宽容的态度去对待，孩子会更愿意寻找内部原因，寻找自身的不足。

相反如果父母选择批评、苛责孩子，觉得他什么都做不好，这时孩子更多的是害怕，就会开始寻找外部原因，为自己开脱。

因此父母需要适当锻炼孩子的勇气，提升他的自信，对孩子的真诚、勇敢多些夸赞。

孩子如果犯了错，父母要做的是教会他勇于承认错误，但父母也要知道，这是需要莫大勇气的。因为这会让孩子将缺点完全暴露出来，如果孩子没有足够的自信，退缩将会是他的首选路径。

所以家长要多锻炼孩子的勇气，培养孩子的自信，更要教会他勇于承认不足，勇于改正错误。

有二孩之后该如何管理

现在要二孩的父母之间流行着一句很温情的话，即：爸爸妈妈觉得你独自在这世上太过孤单，所以为你生下一个亲人，让你们在这尘世有血脉可以相依，可以相靠。

不得不说，父母的初衷与想法确实是好的，但是，等到真生了二孩，我们会发现老大会有变化。随着二孩的长大，不但老大有了变化，就连这老二也开始有了"戏精"的表演成分，简直让人头大。

举一个最简单的例子，两个孩子争抢玩具，作为父母你会怎么去协调这个问题？你是会让老大放手，去心疼弟弟年幼，还是劝说弟弟成全哥哥？两个孩子都在等着你处理问题，这种"顺了哥情失嫂意"的事情，在二孩家庭可以说是屡见不鲜，稍微协调管理不好，就会伤了其中一个孩子的心，甚至搞不好两个孩子的内心都会受伤。所以，有了二孩之后该如何管理，其实是个很大的家庭问题。

有了二孩之后，如何避免厚此薄彼的问题，是一个非常值得探讨的话题。也许，他人的经验值得我们借鉴。

赵文是一名幼儿园老师，她所带的班级中有很多小朋友都不是独生子女。有一天，毛毛很不开心，赵文在几番询问下才得知，原来毛毛有一个小妹妹，每次两人一有争吵，爸爸就偏袒妹妹，还让她让着妹妹。为此毛毛感到很委屈，为什么我是姐姐就要让着她？赵文听后，告诉毛毛不用伤心，这是因为妹妹还小，等她长大了就能和她讲道理了。赵文还给毛毛讲了很多谦让有礼的小故事来安慰毛毛。

有一次，幼儿园的小宇和赵文说，他觉得妈妈很不好，总是把他和哥哥放在一起对比，说他没哥哥优秀。赵文开导他说："你不用过多在意妈妈的话，努力做好自己最重要。只要你每天都有进步，你就是最棒的。比如，你今天比昨天又多认识一个字，这就很棒。"

年龄稍大一些的孩子确实比较难以接受家里的新成员，尤其现在的孩子都聪明伶俐，在他的内心深处，早就认定自己是家里集万千宠爱于一身的宝宝，结果二孩的出现撼动了他的地位，想要他内心毫无波澜，那是不可能的。二孩的出现，让老大与家长的亲子关系不再是唯一的了，亲子关系有了分支，被稀释了。如果遇到倔强的老大，这种关系很难尽快理顺，就需要一些方式与方法。

首先我们作为家长，必须跟老大强调，弟弟或者妹妹的到来，是爸爸妈妈想要给他一个玩伴，其实是以他为主，二孩的到来不但不会分散爸爸妈妈对他的爱，反而会多一个人来爱他，他们将来是这个世界上最亲的人。

等到二孩出生后，要及时地让老大参与进来，要让他从小就跟老二培养出牢不可破的亲缘关系，让他们互相友爱。

有一项研究表明，二孩的出生对老大的社会能力有一定的帮助，能够促进老大的成熟发展，这也为他提供了照顾和考虑他人的机会。并且在与二孩的相处中，会让老大懂得谦让、分享、承担、友爱，培养他更为豁达的性格。

所以，不要把二孩来了，该如何去面对老大，如何管理这一问题想得太严重，家长们太重视，反而会让孩子们重视起这个问题。平稳地建立孩子之间的亲情，采用团结友爱的协作管理方式，相信一定会让两个孩子以及整个家庭都沉浸在美满的氛围当中。

第五章

没有坏脾气的孩子，只有
不懂孩子的父母

发脾气是孩子情绪宣泄的一种表达方式，父母需要控制好自己的情绪，发现孩子情绪背后的真正诉求。

"闹情绪"的孩子，只是不懂表达

　　其实情绪是正常人的内心真实感受，情绪对孩子来讲更是正常的体验和宣泄出口，所以无论什么情绪，都有其存在的正面意义。而我们家长需要的是发现其中的正面意义，并加以引导，我们始终要记住，只有家长不恰当的处理方式，才会对孩子造成伤害，而不是孩子的情绪给他带来情感上的困惑。

　　家长面对闹情绪的孩子，大多首先会不耐烦地问他：你这是又要干什么？你到底要我们怎么做才满意？结果，我们问完这些话题，往往孩子会闹得更厉害，原因是我们没有懂得孩子的真正需求，而孩子也不知道该如何表达出他的感受。所以，双方就好像在鸡同鸭讲，各自都很迷茫，而孩子的迷茫只会越发地用坏情绪来表达。

　　所以，想要孩子情绪平稳，我们一定要懂得他到底想表达什么，只有懂得他，了解他，才能从根本上杜绝孩子闹情绪的根源，学会与孩子更为顺畅地沟通。

　　有一次，漫漫和妈妈逛商场看到一只小兔子，漫漫走到小兔子面前和妈妈说："妈妈，我想要。"虽然妈妈知道女儿很喜欢，但家里已经有一只兔子了，就对她说："你已经有一只了，而且你都五岁了，不可以任性要赖哦。我们先回家好不好？"谁知漫漫就是不走，含着眼泪说："我有了，可是妹妹没有呢，她肯定会喜欢的。"妈妈听后愣了愣，随即抱住漫漫，说："宝贝你真的长大了，会为妹妹着想了。走，我们去给妹妹买兔子。"

　　当小孩有了情绪时，家长的第一反应千万不要是批评、责怪，而是要耐下心来听一下孩子的理由，只有清楚了缘由，我们才能真正地解决问题。

　　这个例子也告诉我们，当孩子有了负面情绪，我们要先去疏导孩子的情绪，而不是压制。那么我们如何让孩子懂得疏导自己的情绪呢？下面的方法，对孩子有帮助的同时，对家长也很有帮助。

　　首先，我们要教导孩子认清什么是情绪。孩子的心智还处于成长阶段，所以，他也不知道自己内心的这种冲动是怎么回事，导致自己不是想哭就是想生气。所以，我们作为家长就要告知孩子，这种冲动叫作情绪，是人类的一种本能，而情绪又分为若干种，但是最基本的就是坏情绪和好情绪，主导我们开心的就是好情绪，让我们闹脾气的就是坏情绪。

然后，生而为人，总会有七情六欲，所以，告诉孩子，有了负面情绪不要怕，跟爸爸妈妈讲出来，大家一起分析，而不要用极端的方式去发泄，比如痛哭、发脾气，这种发泄其实对心情本身没有任何好处，反而会伤害身体，影响身心健康以及发育。

最后要提醒各位家长的是，我们应该随时接纳孩子的坏情绪所带来的后果，那就是闹情绪。如果孩子在大街上突然闹脾气，我们不应该强行制止他，而是要找出事件的根由，试着去理解孩子，包容孩子，让他明白有坏情绪是正常的，但是闹脾气是不可取的，我们要换一种方式，把这种情绪倾诉出来，给他人一个准备，也给自己一个放松。

带动你的孩子，把情绪"说"出来

无论是成人还是孩子如果能够在被各种情绪包围的时候，肯把这种情绪说出来，那么，这种成熟的应对方法，就属于心理学的范畴，实际上被统称为"情绪管理"。

好多家长在互相交流的时候，都会觉得自己的孩子任性不听话、调皮、动不动就哭，其实所有的这些都只是表象，事实是孩子已经被负面情绪所包裹，他又无处宣泄，找不到释放的渠道，所以，才用各种不堪的方式向父母展示出来。如果我们作为父母不能很好地引导孩子，帮助他管理自己的情绪，那么我们就很有可能错过最佳时机，从孩子的情绪管理变成情绪监控。也就是说，我们只会发现孩子什么时候发脾气，而错过找寻孩子发脾气的真正原因。

家长要做到的就是带动孩子，让他把情绪说出来，而不是隐藏起来，这才是今天的真正命题，也才是教育孩子的真正意义。

　　晨晨今年五岁，很可爱也很有礼貌，但也很爱哭，只要有不顺自己心意的事，就会大哭大闹。有一次，老师让小朋友们上课的时候把水彩笔带过来，但去学校之前，晨晨发现自己有一支彩笔不能用了，着急得哭了起来。妈妈安慰他说可以先借一下别的小朋友的。但是晨晨不接受，就要妈妈买新的。这时，爸爸在一旁看着，并没有像往常一样训斥他，因为只要训斥的话一出口，晨晨就会哭得更厉害，所以爸爸也是束手无策。

　　晨晨的父母对此咨询了一些教育专家，专家建议他们在这种情况下采取中立的态度，不要过于关注，也不要去惩罚，而是努力分散他的注意力。同时要给孩子定一些规定和约束，不能因为他哭就妥协，说话的时候也不要因此迁就他，哄着他。但可以适当地对他抱一抱，亲一亲来安慰他。最后在老师的帮助下，晨晨逐渐不再用哭来表达诉求，而是慢慢开始说出来，他也发现不哭闹更容易得到父母的回应。

　　西方有句谚语说，管理好自己的情绪，学会用说话的方式去跟别人沟通，胜过你揍别人千百回。

当然，我们不能把情绪管理的方法都用到孩子身上，所以，如果家长们有条件的话，不如努力为孩子营造一个良好的，温馨的家庭情绪环境，孩子在这种环境下生活，学习，情绪自然也会朝着良性发展。

需要家长注意的是，我们在教导孩子管理好自己情绪的同时，千万不要打断孩子对情绪的宣泄。比如说，我们教孩子内心有不良情绪要说出来，可孩子正在说的时候，我们半路生硬地将其打断而直接插入我们的看法，久而久之，孩子会厌烦跟我们说出自己内心的感受，我们对他的努力也就功亏一篑了。

最重要的是，既然想让孩子把情绪说出来，那么这个"说"就有了不一样的意味，我们可以着重教导孩子在说的时候的措辞。比如，孩子会说我很沮丧，我们可以引导他想想，是有点儿沮丧，还是很沮丧，让孩子自己选择。要知道，一字之差谬之千里，而且人的情绪往往是受大脑支配，所以，换一个词兴许就会让孩子换一种心情，对他的情绪管理就会有很大的帮助。

缺乏交流的你，懂自己的孩子吗

交流是人生存于世很重要的一个手段，如果交流不畅，会出现很多问题。尤其是父母跟孩子之间的交流，如果，我们作为家长跟孩子缺乏交流，那么，别说懂自己的孩子，可能就连最普通的日常生活都会矛盾重重。

我们经常抱怨孩子不懂事，可是我们有没有想过，我们懂他吗？知道他内心到底是怎么想的吗？如今的孩子需求的不仅仅是吃饱穿暖，还需要更高的精神层面的交流，而我们为了保障孩子的经济世界，却往往忽略了孩子的精神世界，其实这就是本末倒置。如果不能懂得自己的孩子，就算我们能给予他丰厚的经济基础，但对孩子来讲，他的内心都是空虚的，都是不完整的。

我们因为不懂孩子，所以不知道他的正常需求，往往就会因此跟孩子产生矛盾。比如孩子大清早起床，跟我们讲，我不想上学。我们脑海中的第一反应就是，完了，这孩子厌学了。于是，我们会脱口而出，你怎么能不上学呢？你看哪个孩子不上学，赶紧去给我洗脸吃饭上学。孩子一定会照办，但是他会委屈，会不解。因为我们问都没问，他为什么不想去上学，是因为和同学相处不睦，还是在学校有了什么委屈。所以，家长一定要跟孩子多交流，懂得他，才能帮到他，否则，只会让孩子把所有委屈压在心底，日后很可能会崩盘。

做一个了解孩子的家长，无论是对孩子还是对父母，都是非常重要的一件事。

孔子周游列国的时候兵荒马乱，粮食奇缺，孔子一行人已经七天没吃过一顿米饭了。

一天，颜回终于弄到了一些白米，煮了饭，等快熟的时候，孔子翻身，刚好发现颜回把米饭塞到了嘴里。但孔子当时也没说什么。等饭好了之后，颜回来请孔子去吃饭，孔子对他说："刚刚祖先入了我的梦，所以去将还没有吃过的米饭先拿来祭拜一下祖先吧。"颜回听孔子说完就慌张了，急忙说："不行，这锅饭我刚才吃过一口，不能用来祭祖。"孔子问他为何吃了一口。颜回满脸通红地说："因为做饭的时候有些柴灰落到了锅里，扔了那些沾了灰的太可惜了，所以我就吃了。"

　　孔子听了颜回的话，知道自己误会了他，于是愧疚地说："我往常很是信任颜回，但是这次还是怀疑了他，这说明人心难定，是最容易动摇的。你们要记住，了解一个人不是一件容易的事。"

上面的小故事在提醒我们，人与人之间的交流是多么重要，如果交流不畅，很有可能造成误解，甚至不懂对方到底是什么意思。做一个懂孩子的家长对孩子的未来非常重要，而怎么懂孩子，从哪个方面入手，最简便的方式莫过于跟孩子交流。

　　但是这个交流不是漫无边际的闲扯，而是需要我们家长把焦点放进问题，这样才能够产生机会，不能只盯着孩子的缺点，试图用交流的方式改变他的缺点。缺点固然要改变，但是，在交流中最终得知孩子的想法是什么，他的目的是什么，这才是我们最需要了解的。

　　我们需要一个懂我们的人，让我们能更好更愉快地生活，孩子也是一样，从今天起，让我们做一个懂孩子的家长，用交流的方式帮助孩子健康愉快地成长。

别轻易给孩子"贴标签"

有些家长有一个习惯，喜欢给幼小孩子的贴标签，跟别人介绍自己的孩子，往往还没说几句，就开始把自己认为的孩子的性格说给别人听。比如，我的孩子反应慢，我看他就是慢性子，还胆小，谁大声说话他都害怕，还怕见生人；哎哎，你别摸他，他最讨厌别人摸他，我看他就是有点儿怪，跟我和他爸爸一点儿都不像。

家长们不知道想过没有，当我们这样形容自己孩子的时候，也许他就站在我们的身边，我们说的每一个字他都会听进耳朵里，会给他造成惯性思维，他不会觉得父母是随意说说，反而会认定我们说的都是真的，结果，原本他没有我们说的那些个弊病，可是在我们的反复强调中，他真的有可能成为我们口中的那个样子。

在孩子成长的过程中，每个阶段都有每个阶段的表现，如果我们揪住他过往的一些小事不忘，就给他贴上标签，会影响他以后的成长，甚至会改写他后半生的走向，这是非常危险的一件事。

其实，家长口中的那些孩子情绪的标签，是每个成长阶段的孩子都具备的。他可能是害羞，也可能是不善于表达，所以才会出现我们看到的样子，只要我们家长能够帮助孩子分析他的情绪，帮助他战胜自己的情绪，那么孩子就会在我们的呵护下成长为优秀的人才。

午后的教室里原本是安静的，可是斯帕奇（木头脑袋）所在的教室里却传来阵阵的笑声，斯帕奇涨红了脸，站在那里，局促而害羞得恨不能把头埋进课桌里。

斯帕奇简直是这个学校的风云人物，他从儿时起就是个害羞而胆小的人，妈妈对他也无可奈何，没想到，上学后他越发笨了。

几个老师凑在一起，要互相安慰，才能缓解斯帕奇所带来的头疼。

下课后的操场上，同学们都在三三两两地玩耍，班级里最美的女生南希周末要过生日了，她正在邀请同学们去参加她的生日聚会，斯帕奇羡慕地看着那些被邀请的同学。美丽的南希拿着请柬朝着斯帕奇走过来，斯帕奇紧张得手心冒汗，他眼睁睁地看着南希越走越近，突然脱下衣服遮住脸，一溜烟地跑了，南希一脸的疑惑，她不明白为什么斯帕奇会这样。

这一刻的斯帕奇对自己充满了绝望，他觉得自己什么都做不好，是天底下最失败的人。

夜晚的卧室里灯光昏黄，对斯帕奇来讲，再没有比躲在自己的小天地里画画更惬意的事了。他喜欢画画，也喜欢把自己的心情用画画的方式表述出来，而且，他觉得自己画得相当不错。

他把自己失败的经历绘成了漫画，并且取名《花生》，可让他万万没想到的是，他居然一炮而红。他塑造的查理·布朗这个倒霉蛋的形象得到了全世界人民的喜爱，这次他在失败了无数次后，终于成功了。

也因为这个漫画，人们终于记住了那个屡屡遭遇失败的斯帕奇，同时也记住了他的大名，那就是——查尔斯·舒尔茨。

孩子的内心是敏感的，他的年龄让他并不具备分辨和判断是非的能力，容易受到外界的影响。很多时候，我们宁愿相信孩子是没有准备好，没有提前的心理预示，才会出现各种情况。我们作为家长和老师，更应该有正常的是非观，相信每个孩子都是优秀的，再优秀的人也有短板，每个人强弱项有所不同，应该顺势教育，让他内心的光芒无限放大。

孩子情绪失控，更需要你的陪伴

　　带孩子是非常辛苦的一件事，我们不但要看护好他的安全，还要注重他的营养、健康，所以，随便询问某一个带孩子的妈妈，每个人都能讲出一部心酸血泪史。因为疲累，导致她们的情绪起伏都非常大，对孩子的情绪方面照顾得难免不周，于是，家庭里往往出现恶性循环，孩子情绪失控哇哇哭叫，妈妈披头散发濒临崩溃。

　　作为孩子的家长，照顾孩子确实是很费力的一件事，然而，如果不注重孩子的情绪，不能很好地疏导孩子的失控情绪，那么，就算我们对他付出了百分之百的努力，我们的教育还是失败的，就算孩子的身体茁壮，但是他的心灵很可能在小小年纪就因为得不到正确的关注而不够健康。

　　所以，家长们一定要用切实可行的方法，把自己从坏情绪中解脱出来，为孩子营造一个温馨的能舒缓情绪的空间。我们要明白，经常情绪失控的孩子，需要的是我们温柔的陪伴，这个比起让他吃好喝好玩好更加重要。

曾经，有个家长询问医生孩子的各项指标是否正常，医生给予了肯定，孩子不缺微量元素，不缺钙，总之发育得很好。但家长忧心忡忡地说："那他就是缺德，整天大呼小叫，乱发脾气。"这不是段子，是一个家长的真心话，其实家长眼中孩子的"缺德"，就是说明这个孩子整日处在情绪失控的边缘。可是，家长到底有没有去细心观察，他到底是为了什么而经常情绪失控?

其实，有很多时候，孩子情绪的失控跟家长有着很大的关系，家长性格急躁，没有耐心，情绪就会直接传染给孩子。孩子虽然表达能力差，但是他会观察我们的表情，窥看我们的行为，如果我们有情绪失控的表现，孩子就会表现得急躁、不安，面对他难以掌控的事，他只能以情绪失控来回报。

另外，孩子的语言表达能力较弱，有很多时候，出于关心或者是出于需求，他想跟我们进行交流，然而，他却又无法表达出自己内心真实的感受，我们可能因为各种各样的原因，不能细心地、耐心地跟他去交流，这就可能让孩子倍感失落和无奈，继而引发他的情绪失控。

还有最重要的就是家庭成员在教育孩子方面，目的不能达成统一。孩子的一些想法在爷爷奶奶那里会很容易实现，可是到了爸爸妈妈那里，却又成了难题。长此以往，孩子搞不懂这到底是怎么一回事，所以，他才会用情绪失控来表达自己的愤慨、不满以及不解。所以，多陪陪孩子，掌握他情绪失控的根源，是我们每个家长必须身体力行的一件重要的事。

　　廷廷是个情绪波动较大的孩子，很小的一件事都可能会让他情绪失控。比如想要的玩具，父母没有给他买，他便又吵又闹；看动画片，父母让他休息一下，但没说几句，他就开始哭；自己玩拼图，一遇困难就发脾气，还会摔拼图；父母不允许出去玩儿，就会撒泼哭闹；在幼儿园与小朋友玩耍，拿不到喜欢的玩具，也会哭闹不止。他的父母对此很烦恼。

　　有一次廷廷在幼儿园上课的时候哭闹不止，这时李老师上来抱住廷廷，没有斥责他，也没有急于问原因，只是抱着他说："我们廷廷好伤心啊。"廷廷稍微平静些后，告诉李老师自己想妈妈了。李老师说："没关系，以后想妈妈了直接和老师说，不用难为情，好吗？"

　　廷廷的妈妈来到幼儿园后了解了原因，知道了

老师的做法后，茅塞顿开。

大多时候，孩子的情绪出现问题是想要得到家长的认可和理解。如同廷廷的例子，他的情绪如果得不到认可，他会觉得自己想妈妈这件事是不对的，为此他会产生内疚感。内疚感和想妈妈这两种情感混杂在一起就会非常容易失控。所以家长要学会认同孩子的失控情绪，将他们从当中解救出来。

家长和孩子都是独立的个体，虽然孩子需要家长的陪伴和看护，但家长也无法时时刻刻都在孩子身边。所以，家长一定要在陪伴孩子的时候，多了解他的心声，这对教导孩子学习自我管理情绪、独立进行社交都有巨大的帮助，这也是帮孩子成为优秀独立个体的重要一课。

开放式谈话，让孩子畅所欲言

生活中总有这样一种现象，我们的孩子原本在家是个话痨，整天喋喋不休地说个不停，可是带他出去，他却表现得紧张羞涩，不但不再滔滔不绝，就连别人的问话，他都不愿回答，甚至还会躲在家长的身后，表现得极其上不得台面。家长为此也很伤脑筋，为什么孩子在外面和在家里会判若两人？问题到底出现在哪里？

其实，如果我们观察足够细心，应该能发现，孩子就算是在家里，他也不是随时连绵不绝地说话，他需要一个语境，甚至一个环境，才能畅所欲言。

所以，在跟孩子聊天的时候，我们一定要掌握一些原则，对他的谈话采用开放式的聊法。开放式聊法其实很简单，家长只要记住以下几点：

首先，我们不要嫌弃孩子的话题，哪怕他天马行空，漫无目的，我们也要跟进，随着他的想法跟他进行沟通，而不要粗暴地打断他，皱着眉头说："行了行了，每天都说这些，你有时间看看漫画书、绘本好不好？"

其次就是保密原则，千万不能把孩子刚跟我们说的心里话，转身复述给别人。虽然孩子说的确实引人发笑，可是我们也要尊重他，不能将他的话当成玩笑，否则孩子会引以为鉴，减少跟我们的交流，免得被当成笑柄。

最重要的一点是我们家长在对待孩子的语言问题上，要真诚，不能敷衍。小孩子的内心也是敏感的，我们漫不经心的敷衍会伤了他的心，以后他宁可去跟自己的玩偶聊天，也不想跟我们交流。很多时候我们会发现孩子跟我们说话减少了，那一定是我们在某个谈话的过程伤了他的心，导致他不想再跟我们交流。

开放式的谈话其实就是一次情感的对接和碰撞，所以，在跟孩子谈话的过程中，我们要有感而发，而不是鸡汤励志似的灌输，不能每次孩子跟我们交流，到最后都变成了好好学习，长大考上清华北大。我们大人有的时候聊天都没有主题，只为了开心，何况是一个孩子，每次都跟他用高大上的话来结尾，用不了多久，他就会厌烦跟我们说话。所以，我们跟孩子聊天的时候，可以从星星、月亮、草地、旅游等这些话题入手，抽出点儿时间，跟孩子进行开放式的头脑风暴聊天法，这要比教导他好好学习，实际作用大许多。

　　小凡的妈妈最近一直在苦恼一个问题，为什么别人家的爸妈跟孩子有说有笑，而自己跟小凡的谈话聊天却经常进行不下去，为此，小凡的妈妈还去咨询了心理医生。心理医生听到了小凡妈妈的阐述，微微一笑，告诉小凡妈妈，她的这个困惑并非个案，有许多家长都有这种困扰。其实，这无非就是一个原因，那就是，我们作为家长，没有给孩子提供一个开放式的谈话方式，让孩子没有办法畅所欲言地打开话匣子。

　　比如说，小凡妈妈跟小凡最常说的一句话就是："你今天在学校过得怎么样？"小凡回答："还好。"谈话立即被终止，实在找不到继续谈下去的理由。在心理医生的建议下，小凡妈妈决定以开放式的聊天方式，让小凡畅所欲言。

　　妈妈接小凡放学，坐在车里，妈妈调低了音响的音量，但是还是有小凡比较喜欢的音乐在飘荡。小凡妈妈漫不经心地说："马上你就要升入初二了，哎，你想没想过，明年要是哪个老师教你，会是很棒的一件事？"小凡想了想说："我希望语文张老师能继续教我。"小凡妈妈紧接着问："为什么呢？"小凡开始滔滔不绝起来："妈妈，你不知道张老师他多风趣，幽默，我跟你讲……"一直到把车子开回家，小凡还在讲述各种学校的趣事。

小凡妈妈找到了跟小凡开放式聊天的窍门。于是，她经常在散步的时候，晚上全家坐在一起看电视的时候，问小凡一些开放式的问题，比如：你的小伙伴最近有什么好玩的事情发生，说出来听听。或者是，儿子，你说假如你突然有了一千块的奖金，你最想买的是什么？如果，你能在世界上任何一个国家生存，你会选择哪个国家？我看看你跟妈妈选择的是不是一样。就这样，在小凡妈妈的刻意引导下，小凡跟妈妈开始无所不谈，渐渐地，在这种开放式的聊天中，小凡妈妈不但跟小凡拉近了彼此之间的距离，也充分了解了小凡内心的真实想法。

曾经有教育学者总结，父母跟孩子的每一次谈话，都蕴含着孩子未来的模样，所以，请我们家长珍惜跟孩子的沟通，因为他畅所欲言的背后，也许隐藏着我们难以预见的结局，我们所要做的其实仅仅是配合而已。

别让孩子钻进负面的情绪陷阱

我们在辅导孩子作业的时候，经常会有一种现象发生，明明是他做错了，我们耐心地让他修改，好话说了数十遍，结果孩子把笔一摔，居然还生气了，直截了当地告诉我们：我不会写，要写你写。我们家长的怒气瞬间就会被孩子的这种负面情绪点燃，于是，上一秒还母慈子孝、岁月静好的家庭氛围瞬间瓦解，立现鬼哭狼嚎，大吵大闹。我们也纳闷，孩子的这种突然而至的负面情绪是从哪里来的呢？冰冻三尺，非一日之寒，其实，我们的孩子已经钻进了负面情绪的陷阱，难以自拔。

心理学上把负面情绪分为了很多种，有紧张、焦虑、难过、痛苦等等。从这个分类可以看出，我们对负面的接受程度都很低。对孩子来讲，他没有能力处理负面情绪，只能用单纯的发泄来展示自己的内心出现了负面情绪。作为家长，我们一定要好好疏导孩子，而不是一味地压制。负面情绪在体内挤压过盛，一旦爆发，对孩子来讲，是难以承受的，所以，别让孩子钻进负面情绪的陷阱，未雨绸缪，才是我们每个家长应该做到的。

　　芳芳是一个小学五年级的女生，她聪明可爱，会唱歌，会跳舞，会弹琴。可是，她有一个最大的问题就是不爱学习，每次一提到学习，她就觉得心情压抑，郁郁寡欢。

　　虽然芳芳不喜欢读书，但期末考试还是到来了。临到考试的那几天，芳芳急急忙忙吃点儿饭，就趴在书桌上不停地温习，可是书上那些字好像不认识一样，一个都记不住，芳芳急得哭了起来。妈妈问她为什么哭，芳芳怕妈妈说她，也不敢吭声，就是一个劲儿地哭。

　　结果，考试成绩出来了，芳芳考得一塌糊涂。她拿着成绩单，在家门外磨磨蹭蹭到很晚，才小心翼翼地开门进屋，怯生生地站在妈妈面前。妈妈拿过她的成绩单看了看，什么都没说，摸着芳芳的头，提议反正考试也结束了，不如放松几天，去乡下的姥姥家转转。芳芳最喜欢去姥姥家了，乐得眉飞色舞。

　　姥姥家有大大的院子，活泼的小鸡，可是芳芳还是闷闷不乐。考试考得一塌糊涂，她实在是焦虑，她也想好好学习，可是以前的都没学好，现在根本就补不回来。

妈妈坐在大大的灶台旁边烧饭，看到芳芳闷闷不乐，于是让芳芳去院子里抱些柴火进来。芳芳答应着，抱了好大一捧回来。

妈妈把芳芳抱回来的柴火放进了灶膛里，结果，原本燃烧着的火苗，突然就熄灭了，随之而来的是滚滚的浓烟，把芳芳和妈妈呛得直咳嗽，芳芳的眼泪都咳了下来。

妈妈转身去了院子里，拿了另一些柴火进来，点燃后，塞进了灶膛，温暖的火光再次点亮了整个房间。芳芳有些纳闷，歪着头有些想不明白，为什么一样的柴火，自己拿的就点不着呢？

妈妈问芳芳："你是不是想知道，为什么你拿的柴火就会把火熄灭，而妈妈拿的就能点燃呀？"芳芳用力点了点头。妈妈说："因为你拿的是湿了的柴火，而妈妈拿的是干的。那你跟妈妈说说，干柴火和湿柴火有什么不同呀？"芳芳说："一个很湿，一个很干。"

妈妈笑了，看着芳芳说："你已经是学生了，看问题不能只看表面呀，这些湿的柴火就像是你现在的心情，而你的心就像是火焰，这些湿柴火把你的心都包裹了，你怎么能开心呢？你跟妈妈说说，到底是什么影响了你的心情，好不好？"芳芳跟妈妈说了自己现在的处境，最后，经过芳芳同意，妈妈打算回家后给她从头补课，把落下的学业追上去。芳芳看着妈妈，重新焕发出了笑容。

情绪是一种自然而然的感受和体验，但分辨情绪的能力并不是我们生来就有的。尤其对孩子而言，他有很多时候根本表达不出来，到底是什么导致情绪低落，甚至沮丧、暴躁的，这个时候就需要家长的引导。

如果发现孩子常常情绪失控，那么我们可以先教孩子一些能迅速缓解情绪的方法，比如转移法，让孩子不要去想那些容易引起情绪失控的问题。但是想要从根源上解决这个问题，就要学会沟通和倾诉，找自己最亲近的人，比如爸爸妈妈，把自己内心的感受表达出来，让爸爸妈妈去发现根源所在，然后大家一起想办法面对。总之，对待负面情绪，我们作为家长千万不要视其为洪水猛兽，要学会疏导孩子，让他不要陷入负面情绪的陷阱里难以自拔，这才是我们家长要考虑的问题。

父母有好情绪，才能跟孩子好好说话

家长们经常抱怨，孩子太顽劣、调皮、不好好写作业，简直要把自己的情绪弄到崩溃了。其实，有的时候认真想想，让家长们崩溃的不仅仅是孩子的问题，真正左右我们情绪的，其实不是孩子的行为，而是我们对孩子行为的认知、看法和评价，有时甚至仅仅是我们的心情。

我们往往把孩子的问题看得太复杂，一旦孩子出现不懂事、不听话的表象，我们做家长的情绪就要崩溃，继而爆发，对孩子不能好好说话，动辄呵斥，而孩子害怕我们，所以跟我们对话也战战兢兢。长此以往，父母和孩子之间出现恶性循环，彼此嫌弃，变成家长没有好情绪，不能跟孩子好好说话，而孩子也讨厌家长的暴躁，双方再也难以达成共识，需要长时间的修补，关系才能恢复。

所以，父母首先要管理好自己的情绪，这不但是对自己负责，也是对孩子负责，因为孩子年纪小，他很多时候体会不到我们的良苦用心，但是对于我们情绪的揣摩，他却会无师自通。只有我们的情绪稳定，孩子才会相应跟着稳定。

黄晓宇，一个重点学校的高中生，就在即将考大学的时候，在一次例行体检中，非常意外地被查出患有细胞癌，医生直言不讳地跟他的父母说，他的生命已经开始倒计时了。

从那天起，黄晓宇的父母就变了，情绪变得崩溃，基本上是谁跟他们提起黄晓宇，他们都会发火，他们控制不住自己的情绪。整天愁眉不展，黄晓宇还没怎么样，他的爸爸妈妈却已经瘦了十多斤。

跟黄晓宇同一病房的小刘也是个癌症患者，小刘每天都活得开开心心的，不但给黄晓宇讲笑话，还在养老院当了义工，每天都帮大家去干点儿力所能及的活。

黄晓宇问他："你为什么这么做啊，咱们现在重病在身，是弱势群体，哪还有精力去帮助别人？"小刘乐呵呵地说："你以为一个人病了是自己的事？你想想你父母为你操了多少心，为了他们，咱们也要活得开开心心的，虽然生命即将走到尽头，但是咱们可以把一天当成两天、三天过，这样虽然咱们少了生命的长度，可咱们并未降低生命的质量啊。"

小刘的一句话提醒了黄晓宇，他跟爸妈说："你们再来的时候给我带几本法律专业的书，我想学习一下，去当个公益律师，帮助那些需要帮助的人。"爸妈听到黄晓宇这么说，都变了脸色。

爸爸的情绪瞬间爆发："你现在是个病人，好好休息，把病养好才是当务之急，都这时候了你还学什么习？要是把病折腾严重了，你哭都来不及。"妈妈劝爸爸要跟晓宇好好说话，但私下里也骂黄晓宇："你是不是疯了？家里为了给你看病都愁成了什么样子？就没见过你这么不懂事的孩子，你是想把我和你爸爸气死，走在你前头吗？"黄晓宇知道亲人们说的都对，都是在为自己着想，可是，他不觉得自己错了，自己这回病得凶险，如果不抓紧时间做些什么，那么，自己可能真的要带着遗憾离开这个美丽的世界了。

于是，黄晓宇偷偷地让小刘给他买来了法律教材，每天趁着家人和朋友离开后学习，就这样，他坐在病床上，开始了法律专业的本科学习。

　　黄晓宇从此把生活分成了两个部分，一部分是跟病魔积极对抗，另一个部分就是偷偷地学习。不知道是不是学习让他对未来有了希望，他身体里的癌细胞也被很好地控制了，不过，仍旧时常疼痛难忍。

　　黄晓宇的爸爸妈妈依然不同意他学习，看到他的学习资料就暴跳如雷，甚至还扔了他的部分资料。黄晓宇有时候想起爸爸妈妈的责骂也偷偷哭过，他多么希望爸爸妈妈能好好地跟他说说话，不要这么暴躁地对待他，因为他做的一切都没有错。

　　四年的时光匆匆流逝，忍受着病痛折磨的黄晓宇获得了法律本科的毕业证书，随后也通过了司法考试，成了一名真正的律师。

　　黄晓宇的病房里住进来一个装修工大叔，他在工作的时候伤了腰，可是他的老板却说他操作不当，拒绝赔付医药费。大叔和老伴抱头痛哭的场景刺激了黄晓宇，他看着大叔说："大叔，你去法院跟你们老板打官司吧，我来当你的律师，我不会收你一分钱。"

　　黄晓宇用自己所学的知识，帮助大叔打赢了官司，老板不但赔了医药费，还付了他一笔误工费。

大叔拿到了钱，执意要分给黄晓宇一些，黄晓宇拒绝了。大叔当着黄晓宇的面，差点儿给他父母跪下，嘴里不停地说："感谢你们培养出了这么优秀的孩子，谢谢你们。"

直到这个时候，黄晓宇的父母才知道儿子没听自己的话，这些年一直在学习法律。

十二年过去了，黄晓宇成了响当当的金牌义工律师，而更让人惊喜的是，他的医生对他讲："身体里的肿瘤已经悄悄消失，只要按时复查就可以了，现在你完完全全是个健康的正常人了。"

黄晓宇的爸爸妈妈拿到他的检查结果失声痛哭，他们问黄晓宇："爸爸妈妈以前不理解你的工作，还总骂你，你不恨我们吧？"黄晓宇则笑着说："你们承受的比我还多，我怎么会恨你们？但是希望以后你们能学会控制情绪，因为出了事情我们都要正面地、积极地去面对，与其被情绪掌控，不如去掌控情绪。"

作为家长，我们在控制情绪方面一定要注意以下几点：首先，我们要注意的是自己的观念。以黄晓宇为例，家长其实完完全全是好意，想要他休养身体，不可过度操劳，但是

　　按照现在的行医理论，只要病人自己的身体能承受，做一些有意义的事，对病情的恢复是有益无害的，如果父母能转变一下观念，那么，他们和孩子的冲突就会变得没有那么尖锐。故事中的黄晓宇是个比较明白事理的孩子，换成一个钻牛角尖的孩子，可能父母的情绪将直接导致他的病情加重也说不定。

　　还有就是家长要时刻控制自己的语气声调。我们都明白，同一个意思的话，如果换个语调和语气去说，效果会完全不同。所以，家长要明白的一个道理是，我们的情绪绝对会影响到孩子，我们控制好情绪，才能好好跟孩子说话。

第六章
别要求孩子活成你想要的样子

每个孩子都是独立的个体，不是父母的附属品，不要将自己的要求强加给你的孩子。

可以有要求，但不能要求太多

有人说过：爸爸妈妈就是培育种子的温床，孩子就是那颗种子，在温床里繁茂地生长。然而，现在的家长扪心自问，自己还是不是培育种子的温床。虽然，我们给了孩子优越的物质生活，但是，在家长的严格管束中，孩子的精神追求已经很少，甚至几乎没有了。

不可否认的是，许多家长都在儿时有过求之不得的懊恼，所以，现在自己有了孩子，恨不能把全天下最好的都给予孩子，但是，这种给予是有要求的，我们希望孩子活成我们想要的样子，不用琴棋书画样样精通，可是也要有种擅长的才艺，学习不说品学兼优也要有过人之处，最起码将来长大也是985、211大学毕业。但我们有没有想过，当我们把这一切强加到孩子的头上时，他就完全成了我们的附属，即便活成了爸爸妈妈的期望，也非那个快乐无忧的自己。

作为家长，我们对孩子的人格培养、身心发育、智商情商、抗挫力教育一样都不能少。做父母并非易事，身教比言传更有说服力，别把劲儿都使在孩子身上。如果自己充实、快乐、有责任感，有情绪管理能力，孩子也会模仿你的这些行为方式。

所以，别要求孩子活成你想要的样子，我们可以对孩子有要求，但是别太多，刚刚好才是最完美的。

刘亮是育才中学高二的学生，还有一年半的时间就要进行高考了，学校对大家进行了一次摸底考试，并按照成绩进行了分班，刘亮仅仅因为一分之差没有进入一班。刘亮还没反应过来，他的爸爸妈妈却已经捶胸顿足，好像刘亮就因为这一分之差，以后就会和重点大学失之交臂了。

面对来自父母的压力，刘亮每天早晨四点就起床学习英语，背英语单词；六点在上学的路上还要掏出书，看看数学；而晚上，他不学习到深夜从来都不肯休息。刘亮的爸爸妈妈觉得自己又看到了希望，每天对刘亮耳提面命，无非就是让他好好学习，将来出人头地。刘亮不堪其扰，内心充满了焦虑。

就在刘亮在爸妈的压力下负重前行的时候，一个不好的消息传来，英语老师换了，原本是初中部的刘老师负责来教刘亮的班级。刘亮的爸妈又开始控制不住情绪了，他们觉得，刘亮的英语成绩原本就不好，这一下子换了老师，肯定会影响刘亮的成绩。原本刘亮不以为意，可是，在爸爸妈妈的干扰之下，刘亮觉得爸爸妈妈的担心是对的，他也开始忧心忡忡起来。

刘老师教了大家一段日子后，因为刘亮原本就带着抵触情绪，所以英语月考的成绩非常不理想，爸爸妈妈就把矛头对准了刘老师，觉得是他教得不好。刘老师看出了刘亮的抵触情绪，特意拿出了下班的时间，来到刘亮家家访，给刘亮和他的爸爸妈妈讲述了一个故事。

原来刘老师教过一个品学兼优的女生，叫李娜，李娜的爷爷奶奶、姥姥姥爷、爸爸妈妈都是名校毕业，所以，李娜虽然在班级里学习名列前茅，但是跟爸爸妈妈的要求相比，还是相去甚远。于是，李娜的爸爸妈妈给她制订了严格的学习计划，李娜按部就班，每天都紧张地学习，可最后，她实在坚持不下来了，高考的成绩也远远没有达到预期的水平。

刘亮觉得自己听懂了刘老师的话，表示以后一定认真学习，严格按照学习计划学习，绝不会像李娜一样，半途而废。没想到，刘老师话锋一转，却表示其实这个故事是说给刘亮的爸爸妈妈听的。刘老师说，他早就看出刘亮是一个听话用功的好孩子，反倒是刘亮的爸妈对孩子用错了方法，他们对刘亮的要求太多，给刘亮的压力太大，如果他们不改变自己的方式方法，这个好孩子很有可能就被父母给耽误了。所以，恳请刘亮的爸妈别让孩子活成他们想要的样子，给孩子一点儿空间。

刘亮的爸妈听了老师的话都深有感触，不再要求他必须考上名牌大学，而让他尽力而为，刘亮压力减轻了，学习也觉得轻松了许多，基础打得也很扎实，结果到了高考的时候，刘亮以全校第一名的成绩被清华大学录取。

家长们要对孩子做的，不是给他们太多要求，而是要向孩子讲明一个道理，在青春时光，应该努力发展和实现自己的梦想，要鼓励孩子，支持孩子大胆地往前冲。

你的要求总在变，到底什么是你想要的

毋庸置疑，家长对孩子是有期望值的，这种期望值转化成要求，每天都在盼望孩子能达到他们的要求，而且，随着孩子的成熟与长大，家长还会随时调整自己的要求，把孩子折腾得疲惫不堪。甚至就因为家长的要求总在变，导致孩子都不敢太听从他们，怕自己做到了他们的要求，他们又要开始变了。

其实，如果跟家长聊一聊，他们到底想要什么，估计家长也是一脸茫然。孩子小的时候，希望他能懂事、听话、好好吃饭、健康成长，随着孩子的长大，又希望他能认真读书，有些才艺，然后有了才艺又觉得他还可以考级，总之就是水涨船高，只要孩子能达到预期，家长就想孩子还能更好。家长以为重压肯定能助孩子一臂之力，可是却没想到，自己总是变了又变，孩子会厌烦、疲惫，最后走上反抗叛逆之路，影响孩子以后的前程。

孩子的世界其实很简单，在他小的时候，爸爸妈妈就是他的全部，可以说是他的全世界。我们都说父母对孩子的关爱是无私的，但是换一个角度去看，孩子对家长的依赖和信任才是毫无保留的，他对我们的爱是没有要求的，虽然他偶尔发脾气，闹情绪，但是这些都是因为他想做的事情没有达成，而不是对我们做父母的有意见。我们何曾见过哪个孩子对父母提出要求，要求父母必须做到什么，如果没有完成，将会有什么样的惩罚？肯定没有。然而，我们做父母的却对孩子要求那么多，简直像是让孩子攀登珠穆朗玛峰，孩子刚有勇气爬到山腰，我们又要孩子抵达山顶。我们可以对孩子有要求，但是请切合实际，设身处地地为孩子考虑，而不要打着为孩子将来着想的旗号，变了又变，让孩子成为一艘难以抵达终点的小船。其实，如果我们只为孩子设立一个要求，反而会容易达到我们想要的效果。

在一个小城镇，有一个幸福的三口之家，父母是供电所的双职工，三岁半的女儿小欣欣美丽又聪明，然而一场突如其来的祸患，让这一家人的幸福生活戛然而止。

那是一个盛夏的午后，小欣欣和同伴在供电所的空地上玩耍，奔跑着的小欣欣没有注意到一根高压电线垂挂在眼前，直接撞了上去，瞬间火光夹杂着烟雾腾空而起，小欣欣一声惨叫，晕倒在地上。

等到小欣欣在医院睁开了双眼，才知道医生叔叔为了保住她的性命，把她的两只手臂齐肩截断了。小欣欣痛哭不已，父母也以泪洗面。没了双臂的娃，以后要怎么活？

为了训练小欣欣独自生存的能力，妈妈给她煮了面后，没有像往日一样去喂她，而是把面条放在桌子上就走。饥饿的小欣欣理解不了妈妈的良苦用心，她一边哭着，一边用脚趾夹住筷子，艰难地把面条送进嘴里。当她欣喜地发现，原来脚也可以有手的功能的时候，躲在房门外的妈妈，哭得已经瘫倒在地。小欣欣走到妈妈身边，用脚趾夹起一张面巾纸给妈妈擦眼泪，小欣欣说："妈妈，以后欣欣听话，再也不让妈妈掉眼泪。"妈妈哭着说："欣欣，妈妈对你只有一个要求，那就是，你能够有自理能力，等爸爸妈妈百年之后，你能照顾好自己，别让爸爸妈妈担心。"欣欣也哭着说："放心妈妈，我答应你。"

为了信守自己的承诺，小欣欣开始把脚当成手来用，因为脚趾毕竟不如手指灵活，小欣欣非常辛苦。

　　每天她都把花生和毛豆倒在桌子上，然后用脚趾把花生和毛豆的皮扒开，就算在寒冷的冬天，她也天天练习，整个脚被冻得青一块紫一块。

　　妈妈心疼她，好几次对她说："欣欣，只要你能够生活自理就可以了，不用那么严格地要求自己。"欣欣用脚递给妈妈一杯水，说："妈妈，你和爸爸照顾我这样的孩子辛苦了，我一定要做到最好来报答你们，就好像我从来没有失去过双臂。"

　　就这样，欣欣从小学、中学、大学一路走来，虽说吃了很多苦头，可她从来没让父母失望，她不但可以用脚写字、吃饭、穿衣、做家务，甚至可以用脚化妆。

　　有了稳定工作后的欣欣想要开通网络直播，把自己的事情说给大家听，妈妈有些犹豫，毕竟欣欣是个肢体高度残缺的女孩。欣欣跟妈妈说，正因为自己是个残疾人，可现在自己能像正常人一样的工作和生活，所以才想开通直播，用自己的真实事例去鼓励那些跟自己一样有残疾的人。

　　欣欣的直播开通后，受到了大家的欢迎，大家都很佩服欣欣的勇气和耐力，励志以后也要像欣欣一样，做一个自食其力、顽强拼搏的人。欣欣对大家说："其实是当初妈妈哭着对我提出的那一个要求一直激励着我，我如果连这一个要求都满足不了妈妈，我想我会内疚一辈子。"

作为家长，我们不要给孩子提太多的要求，有的时候，一个要求就足够了，我们不能看到孩子优秀就不停地把要求变来变去，让孩子永远也达不到我们的要求。

以最优秀的标准要求孩子，是一种绑架

　　教养其实是一种自我约束，而不是"绑架"。哪怕我们用优秀的标准绑架的是自己的孩子，也是不被允许的。而且，在家长的眼里，所谓的优秀有着无限的定义。比如，在甲的爸妈眼里，听话、懂事就是优秀；在乙的爸妈眼里，乖巧、孝顺是优秀；在丙的爸妈眼里，学习好、讲卫生也是优秀。这就像一千个读者眼里有一千个哈姆雷特，没有任何一个孩子可以集这些优秀于一身，在别人的眼中，也许我们的孩子就是别人家的孩子，所以，不要用最优秀的标准去要求孩子，既然作为家长的我们都做不到，也不必要求我们的孩子必须做到。

　　有时候我们将自己的孩子跟别人家的对比，觉得他不求上进、不思进取，便很生气，喋喋不休地去指责孩子。其实作为过来人我们都懂得一个道理，不是每个人都以事业成功、名利双收作为自己追求的目标，也许有些人就是只想家庭美满、小富即安、三观正确、为人正直，那么我们也没必要指责他不优秀、不幸福。所以，千万不要用所谓的优秀标准去衡量自己的孩子，也许，他有很多优秀的地方，就这样在我们的嫌弃中，被生生地埋没了。

　　在英国的一个中产家庭里发生了一件惊天动地的大事情，一对夫妻抱着刚刚降生的孩子去医院，经过医生诊断，孩子患有严重的脑性麻痹症，不但无法控制自己的肌肉走向，就连四肢都无法正常使用，而且医生说，这个男孩能否活到十八岁都是未知数。

　　于是，这对夫妇决定以后不再要孩子，要把所有精力都用在儿子身上，让他快乐地活过每一天。这对父母觉得，只要这个孩子多活一天，他就是最优秀的宝贝。

　　可就在儿子六岁那年，有一天妈妈给他喂饭，他突然言语不清地说了一句："我希望有个弟弟。我希望将来我死了，他能代替我去温暖你们。"爸爸妈妈听了他的话，顿时泣不成声。在儿子的一再坚持下，这对夫妻决定再要一个孩子。

　　一年后，一个叫阿达的男孩降生了，也许是老天真心想满足哥哥的愿望，阿达不但活泼伶俐，而且运动神经特别发达，他真的好像把哥哥缺失了的那部分都找了回来，家里有了阿达，也多了很多欢声笑语。

哥哥跟阿达说："我这辈子最大的愿望就是能痛痛快快地滑场雪，我做不到的事，我想你可以替我完成。"阿达点了点头。

爸爸妈妈无数次地给阿达讲过，如果不是哥哥的意愿，那么阿达可能根本就不会来到这个世间，所以，小阿达向哥哥承诺："我会和你一样，一样地坚强，我答应你去学滑雪，那你答应我要好好地活着，活到一百岁。"兄弟两个的手指紧紧地勾在了一起。

英国的冬天是那么漫长，小阿达很想在温暖的被窝里多睡一会儿，可是一想到哥哥殷切的目光，小阿达就咬牙坚持起身去训练滑雪，日复一日，从未间断。在弟弟的鼓励下，哥哥也开始适当地健身，锻炼身体。

二十年后，阿达在冬奥会上取得了第一块金牌，他冲进了观众席，抱住了自己的哥哥，把金牌挂在了哥哥的脖子上，亲吻着哥哥的脸说："在我

的心里，你也是个英雄，你和我一样，真心谢谢

你，我的好哥哥，是你把我带到了这个世上。"

　　哥哥也确实是个英雄，他生命的长度远超医生

的预期，在弟弟夺取金牌的那一天，刚好是他三十

岁的生日。

　　上述故事无形中在提醒我们这些家长，弟弟确实优秀，

还夺取了金牌，但是我们谁又能说大儿子不优秀呢？如果不

是大儿子，也许小儿子不会来到这个世间，更不会有那么大

的成就。所以，作为父母，不要去以什么最优秀的标准去要

求自己的孩子，孩子就是孩子，他也许会在你意想不到的时

候，给你交出一份意想不到的满意答卷。

适度的爱，是不松不紧的

在一个幼儿园里，曾经发生了一起小孩子袭击他人的事件，原本这不是很严重的事情，老师跟孩子的爸爸讲述了他的孩子易怒，喜欢攻击别人的事实。可是，老师的话音未落，家长已经爆发，拎起自己的孩子就是一顿拳打脚踢，孩子被打得哇哇叫，大家也都瞠目结舌。孩子的爸爸气愤地表示："我对我的孩子从小就管教严格，他竟敢犯错，我必须得揍他。"老师们恍然大悟，问题搞清楚了，这孩子之所以因为别人的一点儿碰撞，立即就像炸毛的狮子，就是爸爸的过度管教造成的。

就这个爸爸的管教方式，老师严肃地跟他进行了交涉，指出他的这种教育方法非常不对。爸爸听了立即表示，回去一定改，再也不这么严厉地教育孩子了。

结果，半个月过去了，孩子的妈妈找到了老师，很困扰地跟老师讲，这个爸爸回家后完全放弃了以前的管教办法，对孩子宠上了天，以至于孩子现在完全无法无天，谁说的话也不听，肆意妄为。家长实在没有办法，想问问老师，到底该如何对待孩子。

我们在管教孩子的过程中，很少真正替孩子思考"我们这样做"会对他的性格造成什么影响，会对孩子成年后有什么影响。实际上，对待孩子就是一个红脸白脸、恩威并重的过程，既要让孩子知道他做错了，又要让孩子深刻理解是如何做错的，而不是棍棒之下让孩子承认自己错了，回头又买了一堆棒棒糖，奖励孩子勇于认错，这对孩子的心灵无疑是一种摧残，是最不可取的。

演员张艾嘉可以说是一个强势的母亲，儿子的吃穿用度、学习、业余爱好，她全部插手过问。

她认为这是她对孩子的关爱。

直到儿子遭遇绑架，面对失而复得的孩子，张艾嘉抱着儿子号啕大哭，她突然觉得自己对孩子好愧疚，如果这次孩子真的出了意外，那么，自己亏欠孩子的就太多太多了。孩子平日里喜欢玩的，喜欢吃的，想去的旅行，这些她统统都禁止他去做，孩子一直都在她的严格关爱下成长着，此时她才彻底明白过来，应该对儿子采取适度的关爱，尊重他的选择和意愿。

她跟儿子说："你以后可以带同学来家里做客，头发也不用必须三七分，梳得一丝不乱，还有还有，要是不想练乐器可以不练，不去博物馆，想去动物园也可以。"

一次，在带儿子旅行的过程中，孩子紧紧地靠在张艾嘉的怀里，突然说了声："谢谢你，妈妈。"

张艾嘉当时触动颇深，她说道："我让他成为学校的尖子生，他没有说过一句谢谢；我为了他给了绑匪大量的赎金，他没说声谢谢。可是，就在落日大道，在我的怀里，他却说了谢谢。我觉得，这才是他满意的生活。"

在我们教育孩子的时候，如果不考虑他以后长远的发展，就说明我们做家长的缺乏长期思维，就算我们的高压政策对孩子暂时有效，可长此以往，一定会损害孩子的内在品质。

　　所以，教育孩子一定要做到松紧有度，一张一弛，爱孩子的方式有很多种，只有科学的爱才是正确的方法。

好好提要求，真的很难吗

父母对孩子提出要求原本是一件很简单的事情，可偏偏有些父母在提出要求的时候，语气里不知不觉就带着抱怨、生气的情绪。比如说，妈妈想要孩子整理屋子，可她偏偏会以指责的口吻说："你看看你的屋子，狗窝一样，不对，狗都嫌弃你。"如果想让孩子洗衣服，她会说："这个家谁都是大爷，我谁也惹不起，就我一个是保姆，就我天生是侍候人的命，侍候完老的侍候小的，瞅瞅，又要洗这么多衣服。"估计只有当她说到最后，孩子才会明白，原来她想让自己把衣服洗了。

原本家庭是个温馨的港湾，但是就是因为父母不会好好地提要求，孩子对父母充满了不耐烦，伤害了彼此之间的感情。所以，怎么跟孩子提要求，如何提要求，其实也是一个需要家长们掌握的技能。

飞利浦的爸爸是当地有名的亿万富翁，可让飞利浦想不通的是，自己想要创业，父亲竟然不肯给自己启动资金。

一天，飞利浦在书桌上看到一封信，信是爸爸写给飞利浦的，爸爸在信上说："我亲爱的儿子，当你看到这封信的时候，爸爸已经破产了，爸爸不是不给你启动资金，是爸爸真的没钱了。"

飞利浦一看没有办法，只能自己从零做起。

然而，让他没想到的是，第二天爸爸找到了自己，承认了那封信是妈妈写的，想让他自己创业，可是，爸爸不同意，觉得飞利浦是自己的儿子，自己了解他，对待孩子有要求就直接说，不用拐弯抹角。于是，爸爸郑重地告诉飞利浦："你现在有两个选择，一个，是按照你妈妈预想的那样，当作爸爸身无分文，你自己去创业；再一个，你拿着我的钱直接创业。你是我的儿子，我相信你的能力，你自己选择，但是我的要求是，不管你选择哪个，你都要成功。"飞利浦感动于父亲的信任，选择了妈妈的做法，他想给妈妈一个惊喜。

许多年后，飞利浦凭借自己的努力，成了当地首屈一指的富豪，妈妈跟他说："好了，孩子，现在妈妈有个秘密想要告诉你。"飞利浦伸出手指在嘴唇上比了一个嘘的动作，他搂住妈妈的脖子，小声说："我什么都不想听，我只知道你爱我，这比什么都重要，感谢你为我做过的一切。"母子俩拥抱在了一起，不过飞利浦又说："以后你再对我有什么要求一定要直接说出来，要不是爸爸提前告诉了我，我想我走到今天，心里多多少少会对你充满抱怨。"母亲有些不好意思地点了点头。

其实跟孩子提出要求，有几点值得我们参考。

首先，我们对孩子所提出的要求要明确，不要笼统，毕竟孩子还小，如果他领会不到成年人话里的深意，最后造成他完成得不好，我们家长又会很失望。

其次，在孩子完成我们的要求的过程中，如果有不完美之处，我们不要对他进行打击和伤害，而要陪着他一起完善，这样才能给孩子以勇气和鼓励，让他以后能更好地去完成我们的要求。如果这个时候让孩子泄了气，那么，很有可能以后也看不到我们想要的结果。

最后，我们作为父母一定要给孩子支持与鼓励，说话不要含沙射影，用贬损的语气抱怨孩子做什么都做不好，明明一个简单的要求都完成得不尽如人意。

　　俗话说，语言不是刀，但是往往最伤人。作为父母，千万不要用语言作为武器去攻击孩子，有什么要求和不满坦诚地跟孩子说出来，别给孩子的内心留下阴影，造成他长大后，对任何人的要求都产生怀疑，这样对孩子未来的成长会有很大的伤害。

给孩子一点空间，让他自由成长

每个人生存于世，都需要有自己的空间和界限，哪怕是亲子之间，也是应该有界限的，只不过这种界限不够明晰，是一种情感的屏障或距离。就好比我们口中经常说的家人和外人之间的区别。有些家长对外人和家人分得很清楚，但是一旦涉及自己和孩子，就立即界限模糊，好像孩子是自己的私人所有，跟孩子自身一点儿关系都没有。

孩子是父母生的不假，但是父母对孩子只能起到养育指引的责任，而非孩子的整个归属就完全属于父母，没有自己的空间，没有自己的隐私，什么都需要跟父母交代清楚。这不是孩子，这是囚犯，而家长所做的，就是在画地为牢，用爱圈禁孩子。

如果我们肯认真地跟孩子探讨这个问题，相信每个孩子都希望有自己的空间。如果想让孩子成为雄鹰，就不该用养鸡的方法饲养，父母们应该明白这一点。所以，应该给孩子一个自由的空间，孩子总生活在家长划定的圈子里是长不成栋梁的。

想让孩子快乐地成长，给他足够的空间，这种事说起来容易，但是实际操作起来，难度非常大。以下几个建议，供家长们参考。

第一，父母不可以抹杀孩子的天性，要知道让孩子接触社会、接触自然是非常锻炼性格的事情，孩子一些良好的社交习惯都会在玩耍中形成，所以，家长要让孩子保持天性，而不要让他小小年纪承担他不该承担的成熟。

第二，不要对孩子的学习成绩和才艺做过多干预。在有些家长眼里，孩子再聪明都不敌双百的卷子，孩子再可爱都不如在众人面前表演一段钢琴有面子。可是我们有没有想过，这些对孩子的要求其实只是关乎我们家长的面子，而对孩子的长远考虑，并不具备太大的意义。

第三，千万不能将孩子当作自己的私有物品。孩子是独立的个体，不要以为生他养他，他就是你的，要听话，要懂事，要他干什么他就必须干什么。各位家长，这不是养孩子，是在养宠物，所以，放弃这种思想，培养孩子自主独立的能力，给他空间，让他去做自己喜欢的事，这比什么都重要。

综上所述，作为家长，我们应该根据孩子的身心发展程度，提出明确合理的要求，认真加以解释，同时给予孩子一定空间，允许其在能力范围内自行决策；为孩子设立一定的行为目标，对孩子不合理的任性行为做出适当的限制，并督促孩子努力达到目标。

鼓励孩子，走与你不同的路

随着80后的长大成人，为人父母，他们的孩子成了幸运的宠儿，因为这个年纪的父母大多眼界宽阔、思想开明，这有利于他们教育出有个性有思想有独特见解的孩子，而非必须把懂事、听话、学习好当作唯一目标的孩子。

这些父母已经意识到，社会竞争如此激烈，那些娇滴滴的温室花朵再也无法在这个快节奏、讲究效率的社会中生存，所以，教育孩子不走寻常路、不走父母的老路，是这些家长心里深以为然的事情。

不能否认的是，作为家长我们确实对孩子太过宠爱，其实早就应该让孩子受点儿"苦"和"累"，受点儿挫折。让孩子从小品尝一点儿生活的艰辛和磨难，对他来讲只有好处而没有坏处。从小懂得人生的道路是坎坷的，让孩子接受点儿挫折教育，才能让他长大后具备更强韧的意志力，更能承受来自生活与工作的风风雨雨。也只有鼓励孩子走与我们不同的路，才能让孩子从小学会主宰自己的命运，让孩子今后不会意志软弱。

我们的身边不乏这样的例子。

五岁的小女孩从幼儿园回到家，非常难过地跟妈妈说再也不要穿今天的衣服，原因是学校的小朋友取笑她，说她的衣服上面的图案像两只鼻涕虫。

四岁小男孩的梦想是开火车、当火车司机，他在客人面前说出了这个想法，父母却觉得这个梦想太过卑微而没有面子，训斥了他，给他出"主意"说，让他把当英雄、当CEO作为理想。

一个初中女生按照自己的喜好剪了新发型，当她回学校后，被同学狠狠地取笑，说她的"爆炸头"太难看，自尊心受伤的女孩伤心地哭了……

但身心健康的孩子不会这样。

有个孩子每天都要练琴，亲戚嘲讽他说弹得很难听，他并没有这方面的天赋。孩子却只是笑笑，说自己喜欢弹琴，弹琴的时候很快乐，所以不会放弃。

其实孩子本来都有自己的独立见解，包括理想方面，他们本不会在乎别人的眼光，有时，是大人将自己被"异化"的观念强加给了孩子，扭曲了他们的心灵。父母应该尊重孩子的想法，并在现有的条件下，尽己所能地帮助孩子实现梦想，而非被自己在现实中遇到的困难所吓倒，贸然对孩子的理想做出不恰当的评判和干预。

父母一定要告诉孩子这个道理，如果自己认为这件事情是正确的就去做，不要被别人的想法和言语动摇。父母作为孩子的引路人，要鼓励孩子走出自己的人生道路，不要自己去代替孩子做决定。这样不但可以培养孩子的创新思维，还能激发他的深层潜能。

有一位叫作宋耀如的父亲在教育子女时一直告诉他们要自立、自信、自强，他从来不让孩子按照家长的思维模式去发展，而是让孩子想怎么做就怎么做。用他的话说，每个孩子其实都是上苍赐予我们的雄鹰，我们不可以将他们培育成家禽。

日本思想家福泽谕吉说，教育就是授人独立自尊之道，并开拓躬行实践之法。教育学家陶行知先生则说："滴自己的汗，吃自己的饭，自己的事自己干，靠人靠天靠祖上，不算是好汉。"他们都在告诫孩子，自立自强，走与众不同的道路。

尊重孩子的拒绝

我们成年人长大后会发现一个问题，在职场上或者生活中容易吃亏的人，总是那些不懂拒绝的人，这也跟我们从小的家庭教育有关。我们总是觉得拒绝别人是很难为情，也很难张开口的事，往往内心想要拒绝别人，可是却又违心地去答应别人，虽然过后会很懊恼，然而，张嘴说句拒绝的话却真的很难。

好在现在的家长大多明白了这个道理，人活在世上就是一个不难为别人也别难为自己的过程，所以，与其给自己没事找事，不如从现在开始，教育孩子学会拒绝。当然，想要孩子学会拒绝，首先就要从尊重孩子的拒绝开始。

在一档亲子综艺节目上，节目组偶然采访了一个观众，询问她跟父母的关系怎样，她居然潸然泪下，说出了一段肺腑之言。她说她叫王红，她很感激她的爸爸对她儿时的严格，让她能在现在的工作上如鱼得水。但是，转折来了，她看着镜头说："可是爸爸，你知道吗？就因为你太过强势，没有尊重过我拒绝的权利，导致我长大后，不会跟人说'不'，让我每天都好累好累。"众人哗然，在主持人的采访中，王红说起了自己的故事。

王红在小的时候，最害怕的就是父亲，她觉得无论自己做什么，父亲都看不上眼，都会对她进行批评。王红说，自己小的时候最害怕的就是晚餐时光。这时候别人家都是说说笑笑地吃饭，而在王红家里，却是爸爸的说教时间。爸爸一边说，王红一边哭，爸爸会把王红学习和生活上犯的错误做个总结，而王红只能战战兢兢地听着，简直是食不知味。她也曾经说出了自己心里的不同想法，也拒绝了爸爸的一些说法和做法，但是强势的爸爸根本就听不进去。

如果仅仅是吃饭时候的说教，王红还不会对爸爸有那么深的怨念，关键是爸爸还有许多严苛的教育方式。儿时的王红身体不是很好，比较瘦弱，可爸爸会在清晨早早地把她从甜美的梦境中唤醒，要她出去跑步，跑不够一千米绝对不许回家，无论是刮风下雨，还是滴水成冰，这种锻炼从未间断，就连王红感冒发烧，一再地拒绝爸爸的要求，爸爸还是会把她推出家门，要她出去锻炼。小小的王红一边跑步一边哭，她真心觉得也许自己不是爸爸亲生的孩子，否则他怎么会这么对自己。

渐渐地，王红上了中学，这种严苛的教育出现了弊端，她开始不会拒绝别人，只要同学要求帮忙，她都会一口答应。

长大后的王红成了一个北漂，对待工作她游刃有余，可是因为不会拒绝同事的要求，王红觉得自己每天都疲惫不堪。

这段采访还有后续，一个月过去了，记者跟随王红回家，想采访王红的父亲。

在家门前熟悉的路口，王红的父母手挽着手，拎着菜，慢慢前行，母亲问父亲："你不想女儿吗？要不要给她打个电话？"父亲慢慢地说："别打扰她的工作，我在她小的时候对她太过严苛，忘了尊重她，忘了给她学会拒绝的权利，这孩子一路走来一定很辛苦。"走在他们身后的王红眼睛渐渐湿润了。她知道自己能走到今天，爸爸的严苛功不可没，可如果当初爸爸能够尊重她的拒绝，也许自己会是另一副样子。

作为家长，我们不要剥夺孩子说"不"的权利，要尊重孩子的拒绝。不能一面告诉孩子要学会拒绝，一面又对孩子的拒绝不当回事，充耳不闻。

如果孩子实在不懂该如何拒绝，爸爸妈妈可以对他进行情景训练，用这种直观的方法告诉孩子，什么样的情况我们可以勇敢地拒绝。

其实，说"不"是一种极强的能力，但凡敢于说"不"的人，都是执行力很强而且心有定数的成功人士。很多时候，选择拒绝也是一种智慧，能妥善地拒绝他人换来自己的轻松，这的确是种生活智慧，而且，勇于拒绝也是对自我观念的一种肯定，所以，教会孩子拒绝，尊重孩子的拒绝，是每个家长都该学会的一件事。

当我们把羁绊孩子的人为事物,以及自以为是用来教导孩子规矩的暴力放置一旁时,我们就会看到孩子崭新的一面。

——蒙台梭利

图书在版编目（CIP）数据

方法对了，难管的孩子也好管 / 郇涛著.—北京：
台海出版社, 2019.10

ISBN 978-7-5168-2440-5

Ⅰ.①方… Ⅱ.①郇… Ⅲ.①家庭教育 Ⅳ.①G78

中国版本图书馆CIP数据核字（2019）第217749号

方法对了，难管的孩子也好管
FANGFA DUILE NANGUAN DE HAIZI YE HAOGUAN

著　者：郇　涛			
责任编辑：曹任云		装帧设计：末末美书	
版式设计：许　可		责任印制：蔡　旭	

出版发行：台海出版社

地　　址：北京市东城区景山东街20号　　邮政编码：100009

电　　话：010-64041652（发行，邮购）

传　　真：010-84045799（总编室）

网　　址：www.taimeng.org.cn/thcbs/default.htm

E-mail：thcbs@126.com

经　　销：全国各地新华书店

印　　刷：环球东方（北京）印务有限公司

本书如有破损、缺页、装订错误，请与本社联系调换

开　　本：880mm×1230mm　　1/32

字　　数：147千字　　　　　　印　张：8

版　　次：2019年10月第1版　　印　次：2019年10月第1次印刷

书　　号：ISBN 978-7-5168-2440-5

定　　价：39.80元

阳光新知